中国种业十大杰出人物

（2012—2017）

农民日报社
中国种子协会 主编

中国农业出版社
北京

图书在版编目（CIP）数据

中国种业十大杰出人物：2012—2017/农民日报社，中国种子协会主编．—北京：中国农业出版社，2019.3
ISBN 978-7-109-25314-8

Ⅰ．①中… Ⅱ．①农… ②中… Ⅲ．①种子-农业产业-人物-生平事迹-中国-2012—2017 Ⅳ．①K826.3

中国版本图书馆CIP数据核字（2019）第044912号

中国农业出版社出版
（北京市朝阳区麦子店街18号楼）
（邮政编码 100125）
责任编辑 刘 伟 冀 刚

中国农业出版社印刷厂印刷 新华书店北京发行所发行
2019年3月第1版 2019年3月北京第1次印刷

开本：700mm×1000mm 1/16 印张：7.75
字数：120 千字
定价：100.00 元

本书编委会名单

主任委员 唐园结 蒋协新

委　　员 （以姓氏笔画为序）

马淑萍 王玉玺 邓光联 朱　岩
刘　信 李　炜 李立秋 杨海生
邹吉良 周云龙 曹　茸

执行主编 李　炜 李立秋

副 主 编 曹　茸 邹吉良 刘　伟

编　　者 （以姓氏笔画为序）

王　田 王　澎 王蔚萍 石亚楠
江　娜 李国龙 李竞涵 张　璐
莫志超 缪　翼 冀　刚

前言

国以农为本，农以种为先。种业是“中国饭碗”的底座，是农业大国的基石，是农业发展的“芯片”，更关乎一个国家的核心利益。

习近平总书记指出：要下决心把民族种业搞上去，抓紧培育具有自主知识产权的优良品种，从源头上保障国家粮食安全。中共十八大以来，我国种业深化改革和现代化步伐进一步加快，民族种业发展迎来了前所未有的黄金机遇期，先后出现了一系列具有里程碑意义的标志性事件，更涌现出一大批无私奉献、不懈追求、投身种业改革发展的新时期代表人物。

为进一步弘扬中国种业精神，加快建设现代种业，2017年，在农业部种子管理局指导下，由农民日报社和中国种子协会继2014年联合推评出“中国种业十大功勋人物”之后联合推评出“2012—2017年度中国种业十大杰出人物”。他们是赵振东、盖钧镒、朱英国、赵久然、程式华、许勇、王义波、杨远柱、徐福春、黄长玲。他们永攀科研高峰，选育新品种硕果累累；他们奔走田间地头，加速好品种落地生根；他们创新管理模式，带领科研院所跨越发展；他们掘金商业大潮，为民族种企崛起发愤图强。寒来暑往，唯愿大地丰收；风里雨里，情系“三农”无悔。他们是新时期中国种业精神的杰出代表，他们是新时代最美种业人。

2018年是中国改革开放40周年，正是一代又一代种业人发扬“执着梦想、合作创新、奉献种业、强国富民”精神，围绕做大做强民族种业这一目标，不辍耕耘，矢志改革，推动我国种业取得了一次又一次飞跃，用四十年时间走过了欧美上百年的发展历程。中国改革开放已走过千山万水，但仍需跋山涉水。实施乡村振兴战略、推进农业供给侧结构性改革为种业发展提供了新舞台，也提出了新挑战，只有总结经验，才能更好出发，开创现代种业发展新局面。

为此，农民日报社、中国种子协会、中国农业出版社等多家单位研讨决定编写本书，集中宣传“中国种业十大杰出人物”在推进现代种业发展中的先进事迹和改革创新精神。通过总结种业发展规律，梳理科研育种、企业发展、市场开拓、管理创新等领域的成就和经验，为种业强国梦注入强劲动力，也为全面深化种业改革探寻一条中国特色的创新实践之路。

在本书的编写过程中，农业农村部各级领导都给予了大力支持与关注，每位杰出人物及其工作团队对采访与写作工作给予了全力配合。在编写过程中，农民日报社曹茸同志负责了前期的采写统筹工作。写稿人员分别是：赵振东篇 李竟涵；盖钧镒篇 缪翼；朱英国篇 李国龙；赵久然篇 王蔚萍；程式华篇 石亚楠；许勇篇 曹茸；王义波篇 莫志超、王田；杨远柱篇 莫志超；徐福春篇 王澎；黄长玲篇 江娜、李国龙。在此，向为本书付出辛勤劳动的各位领导和专家以及相关人员表示衷心的感谢。

由于时间仓促，不足之处在所难免，恳请读者批评指正。

编　者

2018年12月

目　录

关于授予赵振东同志等10人“2012—2017年度中国种业十大杰出人物”荣誉称号的决定

为进一步弘扬中国种业精神，加快现代种业发展，农民日报社与中国种子协会联合开展了“2012—2017年度中国种业十大杰出人物”推介活动。经过推荐、公示、审查、多轮投票等一系列程序，并经中国种业十大杰出人物推介活动领导小组审核、报农业部领导同意，决定授予赵振东、盖钧镒、朱英国、赵久然、程式华、许勇、王义波、杨远柱、徐福春、黄长玲同志“2012—2017年度中国种业十大杰出人物”荣誉称号。

希望广大种业人以十大杰出人物为榜样，大力弘扬中国种业精神，锐意改革，勇于创新，积极进取，扎实工作，为推动我国现代种业发展作出新的更大贡献！

农民日报社　中国种子协会

2018年3月25日

赵振东

1942年出生，山东武城人。1965年毕业于南京农学院，获得农学学士学位；1983年毕业于湖南农学院，获得农学硕士学位。1984年到山东省农业科学院作物研究所工作，曾任小麦育种室副主任、主任，山东省政府参事，2013年当选为中国工程院院士。现任山东省农业科学院作物研究所首席专家。多年来一直从事高产优质小麦遗传育种方面的研究，创新了3项品质育种方法与技术，育成优质高产面包小麦济南17、面条小麦济麦19和面包面条兼用小麦济麦20；建立了小麦高产广适育种技术体系，培育出超高产广适小麦品种济麦22，多年蝉联全国第一大小麦品种。担任农业农村部小麦产业技术体系育种岗位专家，先后主持山东省良种工程、山东省小麦增产科技支撑计划等多项重大科研项目。多次获得省（部）级以上科技成果奖励，其中2003年、2005年、2009年、2012年先后4次荣获国家科技进步奖二等奖。2003年获“山东省先进工作者”荣誉称号，2005年享受国务院政府特殊津贴，2006年获全国五一劳动奖章，2008年获“何梁何利基金科学与技术进步奖”，2009年获中华农业英才奖，2010年获“全国先进工作者”荣誉称号，2018年被评为“2012—2017年度中国种业十大杰出人物”。他选育的济南17、济麦19、济麦20、济麦21、济麦22等小麦品种累计推广面积超4.8亿亩*，增产小麦200多亿公斤*，新增经济效益400多亿元。

* 为保持本书的体裁特色，文字编辑中未对亩、斤等非法定计量单位进行规范。

育种家的责任比天大

——记中国工程院院士、山东省农业科学院作物研究所研究员　赵振东

几十年前，面粉还是限量供应的稀罕物，老百姓只有过年才能吃上一点。而如今人们的餐桌上，白面馒头和面条已是司空见惯。这背后离不开小麦品种的更新换代，离不开众多小麦育种家的不懈攻关。其中尤其有一个名字不能忽视，他就是中国工程院院士、山东省农业科学院作物研究所研究员赵振东。

"我一辈子就做了一件事。"赵振东一生执着于小麦育种，他育成了国内首个年种植面积超千万亩的强筋小麦品种，开创了国产粮食按品种收购的历史；选育的济麦系列品种累计推广4.8亿亩，解决了1亿多人口的吃饭问题，新增400多亿斤小麦和400多亿元经济效益；创建了"优质高产"和"超高产广适"育种技术体系，攻克了小麦"品质与产量负相关"及"超高产与广适性相矛盾"的育种难题；曾先后4次获国家科技进步奖二等奖。

育种界都知道，育成一个小麦新品种需要8～10年的时间，出品种不易，出大品种更不易。而赵振东用20多年育成5个大面积主栽品种，究竟有什么秘诀？

立志：一顿打和一锅糊涂

故事开始于1942年，赵振东出生在山东武城，童年的饥饿让他印象深刻："只有过年才有一点白面，小时候因为偷吃白面馒头，我还挨过一顿打。"为了实现"吃饱饭"的梦想，高中毕业后他报考了南京农学院（今南京农业大学）。

20世纪60年代，赵振东大学毕业后，被分配到新疆生产建设兵团五师八十七团作农技员。因为面粉紧缺，当时每人每月只供应2公斤白面，主要靠粗粮果腹。为了提高小麦产量，让大家吃上白面，他大胆引进了国外品种——欧柔，产量虽然上去了，却带来意想不到的问题。"用这种小麦蒸馒头裂口子，做面条还不足20公分长，一煮一锅糊涂。"赵振东回忆道，这件事对他刺激很大，他第一次意识到小麦光有产量没有品质不行。

1981年赵振东考取湖南农学院（今湖南农业大学），攻读作物遗传育种专业，踏上了小麦育种的研究之路。1984年，他在研究生毕业后进入山东省农业科学院作物研究所，从事小麦育种。这一年对中国小麦来说，也是值得纪念的一年。中国小麦产量首次超过苏联，成为世界第一产麦国。但国内小麦虽然连年丰收，却偏偏没有能生产优质面粉的品种，1989年优质麦的进口量达到1 488万吨。一边是小麦总产屡创新高，一边是优质麦依赖进口。

出于这些考虑，研究之初，赵振东就选了一条与众不同的路——品质育种。他带着两个刚毕业的大学生，立志要选育出强筋优质麦。

众所周知，强筋难高产。品质与产量是一把“双刃剑”，二者协同提高是个世界性难题。赵振东立志要攻破它：“我国人多地少，如果小麦品质上去了产量却下来了，农民的收入没有提高，就不适合中国。我们一定要在高产的基础上进行品质改良。”

说来容易，做起来却很难。“选、淘汰、再选、再淘汰……大量的小麦材料要么就是产量不行，要么就是品质不达标，失败了无数次。”小麦育种枯燥辛苦，遇到的挫折更是消磨人。经过十几年努力和无数次失败，赵振东团队终于育成我国首个年推广面积过千万亩的面包小麦品种济南17，开创了国产粮食按品种收购的历史，实现了国产优质麦出口零的突破，产量还比一般的高产品种提高了5%。

2000年，几位澳大利亚小麦育种专家到山东省农业科学院考察时，由衷地竖起了大拇指。因为同是优质麦种，澳大利亚当时的亩产只有150 ~ 200公斤,可济南17在一年两熟的耕作环境下亩产达到了500 ~ 600公斤，可谓世界领先。

敢闯：攻克小麦育种世界性难题

衣着朴素，笑容谦和，是年过古稀的赵振东给人的第一印象。然而，在小麦育种上，他却闯劲十足：“科学研究必须要有前瞻性，跟在别人屁股后面搞重复研究肯定没出路。”

沉降值是小麦品质的重要指标，以往测定需要育种三四年、面粉达到一定量时才能进行。为提高育种效率，赵振东带着课题组的年轻人开始研究微量方法，用一个简陋的真空干燥箱，他们“捣鼓”出了微量沉降法，在第一年用一颗麦穗、0.32克面粉，就探究出关键数据。不仅降低了科研成本，还缩短育种年限2～3年，这在世界小麦育种领域也是重大创举。

继济南17后，赵振东团队又培育出优质面条小麦品种济麦19、我国第一个面包面条兼用型小麦品种济麦20。用济麦20做出的面包综合评分92～96分，可与美国面包品质最好的小麦DNS媲美，做出的面条综合评分89～96分，中国彻底告别了优质小麦缺乏的历史！

对育种家来说，这些“军功章”已经足够闪耀。然而，对于赵振东来说，“创新永无止境，因为需求永无止境。”

如果说高产与优质难以兼得，那么高产与广适，则是育种领域另一对难解的矛盾。

“选择品种是一件很痛苦的事情，看着这些自己亲手培育多年的材料，总觉得有这样那样的优点不忍心放弃。但是，产量、抗病、抗逆等因素往往是一票否决的。育种关键要懂得放弃！”赵振东语重心长地说。慢慢地，赵振东和团队成员摸索出了一条路子，集成建立了小麦超高产广适育种技术体系。这套技术体系研究提出30余项高度相关的产量潜力量化选择指标，提高了品种选育的准确度。

由此，常年占据推广面积首位的优质小麦品种济麦22诞生了，继攻克优质难高产的世界性难题后，赵振东团队又攻克了“超高产与广适性相矛盾”的小麦育种难题。

“济麦22制作的馒头质地细腻，结构好，体积大；做的面条劲道、白亮、耐煮不粘连。”山东省农业科学院作物研究所小麦遗传育种团队学术带头人刘建军告诉记者，济麦22是目前我国产量潜力最高、适应性最广、年推广面积最大的小麦品种。

可以这样说，山东每两个馒头，就有一个是用济麦22做的。据不完全统计，全国以济麦22为骨干亲本已培育衍生品系200余个，通过审定的品种10余个，其中年推广面积过千万亩的在山东就有2个。

如果在武侠世界，赵振东已可算作宗师级人物。然而，他依然满脑子“异想天开”，期待创造新的奇迹。2014年，他又主持了山东省“小麦增产科技支撑计划”，将亩产820公斤列入攻关目标：“济麦22是一座大山，但我们必须翻过去。要实现更高的目标必须要有突破性思维，修修补补是做不了这件事的。需要创新性思维。”目前820公斤的目标已经实现，他带领团队正向优质高端、绿色高效生产目标冲刺。

用情：严寒酷暑中炼出“相麦”三招

与小麦打了一辈子交道，赵振东对小麦有一种特殊的感情。看、摸、咬，是他的三样绝活。

“我看麦子就跟找对象一样，有自己的眼光。”每年小麦抽穗拔节期，赵振东经常目不转睛地蹲在地里给小麦“相面”。在他眼中，不仅每株小麦各不相同，每片叶子也大有学问。

看完再挨个摸一摸、捏一捏，灌浆期他用手掌在整片麦穗上划拉一下，就能准确判断茎秆韧性；捏一捏单个麦穗，对产量就能知道个八九不离十。

籽粒硬度是非常重要的品质指标，然而过去缺乏相应的测量仪器。怎么办？靠咬！赵振东指了指门牙：“1992年我的门牙就咬坏了，镶上了新牙，然后再咬再坏，我两个门牙都换过两次了。”他也就此练出了一口绝活，“咬”出来的检测结果和仪器数值相差无几。

万丈高楼平地起，这三门绝活来自几十年如一日的修炼。每年小麦从种到收的8个月，赵振东不是在地里就是在下地的路上，像照顾孩子一样精心呵护试验田里的麦子。蹲在地里看小麦，一看就是半天。

“麦品如人品”是他常说的一句话，“如果你怕热，你育出来的麦子就不耐热；如果你怕冷，你育出来的麦子就不抗寒。”搞育种就要跟麦子一起经历酷暑严寒的考验，稳住心神，塌下身子，才能培育出高产优质广适的好品种。

时任山东省阳谷县种子站站长吕宗言回忆，选育济麦22时，有一年寒流来得特别早，11月上旬就突降暴雪，赵振东急忙赶到阳谷县看新品种的抗寒性。天色已晚，他顶着鹅毛大雪直奔试验田，用手扒开厚厚的积雪，一块田一块田察看小麦叶片有没有受冻。看完所有田块后，站在一旁的吕宗言都已冻得手脚发麻，赵振东却不顾裤子上的雪水和泥土，满脸笑容地说：“济麦22的抗寒性过关了！”

很难想象这个多年与小麦为伍的人，却对麦芒过敏。赵振东患有严重的荨麻疹，冷水、麦芒都是过敏源，碰不得。在他家的一个大抽屉里装满了常备药，其中治过敏的药膏必不可少。每次下地前，他都要厚厚涂上一层。

“谁都有七情六欲，谁不怕热？”赵振东并非不惧病痛与严寒酷暑，但更怕干不好活，“就这么简单。”

在周围人的眼中，赵振东就是个简单的人。看书是他最大的爱好，《资治通鉴》《神曲》《十日谈》《老人与海》……哲学、宗教、文学，他都有所涉猎。他喜欢黑格尔说过的：“假如没有热情，世界上任何伟大的事业都不会成功。”这或许正是他执着小麦育种事业的最佳注脚。

责任：“比农民更像农民”的邻家大爷

“一棵麦子长得再好能打几两粮？只有整块地的麦子长得好，才能有个好收成。”在赵振东看来，试验田里创造出来的纪录只是个数字，农民地里打下多少粮食更让他牵挂，“我们的麦子最终是种到农民地里的，农民说好才是真的好。”

济南17的推广，使得粮食部门分品种收购。2012年，济南17每公斤比其他品种高2毛多钱，每亩能为农民增加收入60～80元。赵振东说：

“这笔账不是理论上推出来的，是我们跟种植的农民一笔笔算出来的。”

“品种是提高小麦单产最有效的途径之一，优良品种对我国小麦增产的贡献率达30%～40%。”赵振东介绍，近几年审定推广的以济麦22、鲁原502等为代表的高产优质品种，配套高产栽培技术，实现了大面积亩产超过600公斤，优良品种对山东粮食增产的贡献率已达到45%。

山东省滕州市级索镇龙庄村家庭农场主龙振存种植济麦22十多年了，从最初十亩八亩地试种，到流转土地大规模种植，对这个品种一直情有独钟。“这个品种抗旱、抗寒、抗冻，产量有保障，因为种的是商品种子，每斤还能比普通麦子多卖2毛，算下来每亩净赚五六百元。”

好品种并非凭空而来。“比农民更像农民”，是吕宗言对赵振东最深的印象。在他眼中，不讲究吃穿、天天跑田地的赵振东亲切得就像邻家大爷，每次到了阳谷县总是先下地，看苗情、看长势、看表现、估产量，“累了就往地头上一坐，跟我们聊天”。

就在田间地头，育种的方向渐渐清晰。“他最早育出的济麦884187，品质非常好，但产量偏低，脱粒时颖壳过紧难去掉，农民不喜欢。”吕宗言说。得到这样的反馈之后，赵振东就开始琢磨怎么实现品质和产量的共同提高，最终培育出高产优质的小麦品种。

“姑娘长大了还得嫁出去。赵振东团队最难能可贵的地方是不仅育成了好的品种，还创新了产业化模式。”山东省农业科学院作物研究所党委书记刘开昌说。

济南17育成后，为了发展优质麦的规模化种植，赵振东和山东鲁研农业良种有限公司的负责人一同南下，寻找面粉企业合作进行订单生产。他们找到了香港南顺面粉厂，一次又一次地将样品送给对方进行检测，终于得到了满意的答复。合作第一年，5万亩订单种植的济南17喜获丰收，1.2万吨小麦运到香港，价格比普通小麦提高35%，农民增收20%。

在济麦22的推广过程中，他们采取“育种单位+龙头企业+良繁基地+种业联盟”的育繁推一体化模式。联合国内180余家种业企业建立了7省市种业联盟，在100多个县区建立了标准化良种繁育、加工基地。截至2018年夏收，济麦22连续9年蝉联全国第一大小麦品种，在全国累计推广2.7亿亩，增加经济效益200多亿元。

赵振东坦言，一辈子育种生涯中有失败，也有茫然，而支撑他走下去的是责任：“育种家的责任比天大，我们肩负着国家种业安全、粮食安全、农民增收和消费者健康的四大责任。责任，是育种工作者的良心。今后，我们将培创一批优质专用新品种，努力实现小麦产业高端化、专用化、品牌化。”

传承：老中青三代团队“兵强马壮”

在赵振东看来，个人小有成就是好事，科研工作后继有人是大事。“我希望看到更多的青年科学家快速成长起来，这是我们老一辈科学家必须肩负的职责和任务。”

虽然当了院士后赵振东更忙了，但对小麦遗传育种创新团队成员来说，他仍是良师，更是益友。“赵老师在生活中非常和蔼可亲、平易近人，对身边的同事和学生都很关心。他性格开朗、直爽，喜欢与人交流，愿意并能很快接受新鲜事物。”育种团队成员李豪圣说，“他尊重包容年轻人的选择，我们在他面前能畅所欲言。”

他说真理越辩越明，遇到学术问题，常与比自己小几十岁的团队成员争论得面红耳赤。他鼓励科研团队的年轻人创新，“赵老师经常给我们讲，年轻人想错了不可怕，可怕的是没有想法。”团队成员曹新有告诉记者。

一次关于小麦叶片光合作用的争论，让团队成员宋健民记忆犹新：“我认为开花期叶片光合作用最强，而赵老师则确定地说有前人研究结果是苗期最强，一时争执不下。过了几天，我都快忘记这回事了，赵老师找到了他看过的专著，拿给我看，上面用红笔、蓝笔做了详细的标记和注释，我当时真的很感动。”

正是这种一丝不苟的态度激励着更多年轻的育种人薪火相传，他带出的小麦育种团队，老中青三代结合，作风严谨，团结协作，勇于创新，2007年获国际农业研究磋商组织杰出农业科技奖，2008年被农业部评为优秀创新团队，2009年被山东省委、省政府评为优秀创新团队，记集体一等功。

盖钧镒

1936年出生，江苏无锡人。大豆遗传育种学家、数量遗传学家和农业教育家，中国工程院院士。现为农业农村部国家大豆改良中心首席科学家、南京农业大学博士生导师，曾任第八届全国人大代表、国务院学位委员会学科评议组第四届召集人、中国作物学会大豆专业理事会理事长、江苏省遗传学会理事长，以及《中国农业科学》《科学通报》《作物学报》等期刊编委。

他于1957年7月南京农学院农学系本科毕业，至今从事植物遗传育种的研究和教学工作六十余载，取得了累累硕果，迄今发表论著500余篇册，制定并主持“七五”“八五”国家大豆育种攻关计划，促进了我国大豆遗传育种学科的发展，创建了国家大豆改良中心和农业农村部大豆生物学与遗传育种重点实验室。他致力于学科的建设与发展，培养出大批博士、硕士等优秀农业科技人才。主编《作物育种学各论》（国家级规划教材）、《试验统计方法》（获优秀教材奖）、《植物数量性状遗传体系》（研究生指定教材）。作物育种学、生物统计与田间试验被评为国家级精品课程。植物生产类专业导论于2014年被教育部评为精品视频公开课。

主要科研成就包括：搜集、研究以中国南方大豆地方品种为主的资源1.5万份，建成世界第三大大豆资源库。将种质研究推进到基因组学领域，按产量、抗性、品质、生育期光温反应、育性等10类性状逐一建立的种质筛选、遗传机制和选育创新的研究系列，创造出一批优异种质，获国家科技进步奖二等奖；他全面研究了中国大豆育成品种的系谱及其遗传基础，出版专著《中国大豆育成品种系谱与种质基础(1923—2005)》，揭示了中国种质利用的地区局限性和加强生态地区间基因交流的紧迫性。将数量遗传多基因模型拓展为主基因+多基因混合遗传模型，提出了数量性状泛主基因-多基因遗传假设。从植物近交特点出发，提出了应用于植物群体特点的关联分析方法，克服了原方法存在溢出遗传力和缺失遗传力的问题，提高了全基因组QTL及其等位变异的检测能力。建立与常规育种紧密结合的分子标记辅助设计育种技术体系，包括分子标记辅助的优化组合设计和后代标记辅助选择方法。

主持或参加育成南农73-935、南农88-31等30多个大豆新品种在长江中下游地区推广。获得国家和省部级科技成果奖励19项、教学成果2项。并获国家级有突出贡献的中青年专家称号、中华农业科教基金科研奖、何梁何利基金科学与技术进步奖、第五届中华农业英才奖、世界大豆研究大会奖终身成就奖、“2012—2017年度中国种业十大杰出人物”荣誉称号。2018年荣获“粮安之星”荣誉称号。其先进事迹2016年被中央电视台专题报道。

一生为了“豆满仓”

——记中国工程院院士、国家大豆改良中心首席科学家　盖钧镒

盖钧镒是一名中国工程院院士，今年82岁的他却还时常卷起裤腿下到田间地头。这位大豆遗传育种学家更是将一个甲子的岁月献给了我国的大豆事业，为的就是“让老百姓吃着中国豆子酿出的豆浆、磨出的豆腐”。

搜集、整理大豆种质资源1.5万余份，创新大豆群体和特异种质2万余份，主持参与研究了20多个大豆新品种，在长江中下游推广种植3 000多万亩实现产业化，平均亩产提高10%……盖钧镒为世界大豆研究作出了太多突出贡献，真正无愧于第十届世界大豆研究大会授予的“终身成就奖”殊荣。

“误入农门，却与这粒豆子再也没分开”

“我是城里人，没有做过农业。小时候我对农业并没有兴趣，我喜欢数学，是历史将我推进这个领域，从感激农民到热爱农业，心甘情愿研究大豆，为农民服务。”一生与大豆相伴的盖钧镒院士与大豆结缘，是一场阴差阳错。那年他20岁，命运的扳机仿佛是被一粒大豆扣动的，接下来的60年岁月风起云涌、沉沉浮浮，却与这一粒小小的豆子再也没有分开。

1936年6月，盖钧镒出生在江苏无锡的一个普通家庭。父母俭朴、忠厚，重视子女的教育，先后将他们四兄妹送到当地最好的学校读书，小学毕业后，盖钧镒考入了无锡辅仁中学。这所人才辈出的江南名校历史悠久，继承“以文会友，以友辅仁”的传统，先后培养出了十几名院士。

在众多师长的言传身教、精心栽培下，少年时的盖钧镒思维敏捷，学习刻苦，数理化成绩一直名列前茅。小小少年初长成，1953年，盖钧镒高中毕业要考大学了。“我要学理科，长大要当科学家，通过科学来强国，为国家作贡献！”他这样告诉老师。同年，他以优异的成绩考取了大学，但命运在此时给这个少年开了一个玩笑。招生委员会以体质不合格为由，不让他攻读理科，将他录取到了南京农学院。

“我当然难以接受，自己去医院做了一个小手术治好了病，又去找招生委员会，再次请求，我不要学农科，就是想学理科，但已于事无补。”木已成舟，回忆起当时的心情，自然多是不情愿，甚至带着点小小的怨恨。“当时学理工科是最热门的，也是最值得骄傲和自豪的。非让我去学农学，一点儿兴趣都没有，真是不知道该怎么学啊！”盖钧镒院士坦言。

农村里有句老话：米筛子筛豆子，那是格格不入。这个标准的城里娃就这样“误入”了农门，可谁也没想到，被命运撞了腰的盖钧镒却在南京农学院找到了一生的方向。当时的南京农学院聚集了一大批农学方面的专家，名师荟萃，师资雄厚。小麦科学泰斗金善宝教授、棉花科学泰斗冯泽芳教授、水稻遗传育种学家朱立宏教授、留美博士吴兆苏教授，以及留美博士、著名大豆遗传育种和生物统计学家马育华教授……对这些领着自己进门的恩师们，盖钧镒院士如数家珍，恩师马育华教授更是将他引入了大豆科学的大门，使他逐渐对遗传学产生了浓厚的兴趣。

1957年，21岁的盖钧镒以优异成绩毕业，留校当老师。同年，他主动提出前往农村锻炼，在苏北涟水，与农民同住、同劳动，靠挣工分吃饭。“我在城里长大，从没有去过农村，那里的生活非常艰苦，我挖河、推泥，大年三十还站在冰冷的水中挖水塘，有了那段艰苦生活的磨砺，我从此什么苦都能吃。”在涟水，盖钧镒住在一个老大娘家，大娘每天自己吃白菜和胡萝卜、喝玉米糊，将细粮留给盖钧镒。面朝黄土背朝天的农民和勤恳朴实的房东大娘在青年盖钧镒心里刻上深深的烙印。“农民真好啊，我们做农业研究的人，一定要好好为他们服务。”就这样，盖钧镒下定了一生的决心。

“一想到国产大豆，我感到的就是压力”

“也许很多人并不知道，今天全世界通用的大豆英文单词SOY或SOY BEAN中的SOY就是中国古代大豆的称呼

'菽'的音译。中国不仅是大豆的原产国，还曾经是世界最大的大豆生产国和出口国，但我国的大豆产业处于一个尴尬的境地。”农者，天下之大本也。中国是一个农业大国，已有5 000多年的大豆栽培历史，其中拥有2万多份品种资源和6 000多份野生大豆种质资源。盖钧镒谈起“豆”，话语中有兴奋，但更多的是忧思和无奈。

自1995年开始，作为大豆原产国，我国种植面积和单产远低于世界发达国家，已从大豆净出口国沦为世界大豆最大进口国。“2017年，我国大豆净进口量更是高达9 542万吨，是国内产量的近6倍。”我国大豆产业的尴尬境地无时无刻不揪着这位“大豆院士”的心，“中国人的饭碗要牢牢端在自己手中，坚持把大豆培育这个工作做下去至关重要。”

盖钧镒的底气首先源于对我国大豆种质资源的充分了解。42岁那年，他获得了去美国艾奥瓦州立大学农学院进修的机会。进修期间，他了解到美国20世纪50年代大豆生产因胞囊线虫病几乎遇到灭顶之灾，是我国北京小黑豆的抗病基因挽救了其大豆生产的命运。“美国人的大豆如今做到世界第一靠什么？靠中国的大豆，我们原产地还不如他后产的，太难为情了。”盖钧镒深刻认识到，野生大豆是我国宝贵的财富，丰富的大豆遗传资源亟待人们保护和研究。“作为中国大豆科研工作者，担起这份责任我们义不容辞。”

“大豆不是粮食，过去很少有人重视。”直到2016年，农业部发布《关于促进大豆生产发展的指导意见》，明确提出的“绝不能轻言放弃大豆”的口号，力争到2020年种植面积扩大到1.4亿亩，平均亩产达到135公斤。当听到这个消息的时候，这位耄耋老人高兴得像个孩子。“这说明大豆在我国粮食安全中的地位已经悄然发生了转变。借助农业供给侧结构性改革契机，我们一定会把握重大战略发展机遇，重塑国产大豆产业新优势。”

“大豆的市场走势如何，未来的增产潜能多大等，都直接牵系着广大豆农的‘中枢神经’。我们要把大豆列入粮食安全体系，把对大豆的认识提高到一个新的高度上来。”谈及此，盖钧镒感到任重而道远，“农业机械化是大豆产业可持续发展的各项新技术得以实现的载体和手段，要向深度和广度拓展，由主要生产环节向全过程发展。建立以深耕深松和免耕相结合的现代耕作制度，同时针对大豆油脂加工技术，重点研究开发提高资源利用率的油料预处理工艺和设备。”

从育种栽培到土肥植保，再到农机农经，为农业生产提供“从土地到餐桌”的全产业链科技支持,盖钧镒不辞辛苦。在接受记者采访的前一天，他才结束了黑龙江省黑河市所有6个示范县的实地考察工作。

“一直在苦苦奋‘豆’，这一仗并不容易”

“只要中国的老百姓吃着国产豆子酿出的豆浆、磨出的豆腐，我的坚持就有意义。”盖钧镒至今还保持着每天早上喝一杯豆浆的习惯。

“需求到了9 000多万吨，自己只产1 000多万吨怎么行？你自己不够，就得靠别人。出口国抬高价格来控制你，你的筹码给别人掌握了，你就要受制于人。所以，我们一直在苦苦奋‘豆’啊。”盖钧镒介绍，按有效加工能力计算，外资已经控制了我国大部分大豆加工业，我国大型油脂加工企业多为外资企业，且多分布在从辽宁大连到广西北海数千公里的沿海港口。尽管进口大豆质量参差不齐，但其价格低廉、出油率高，市场竞争力非常强，致使我国大豆主产区东北豆农面临着破产、改行的威胁。

“所以，我们一直在苦苦奋‘豆’啊！”然而，这一仗并不容易。时刻把农民利益放在心头的盖钧镒，为了振兴我国大豆产业，60多年来带领科研团队扎根农村，从未放松过一天。

大豆产业最重要的是基础研究。为了获得第一手科研资料，盖钧镒带领其科研团队长期

扎根在农村。

邱家训是盖钧镒的第一批学生。说起恩师，这位头发同样花白的老人话语中满是敬佩：“这些大豆都是他自己不辞劳苦，到市场、到农民家里去找来的。农村家里往往只有一个妇女在家，她们不愿意接待，因为农村的女同志不愿意跟男同胞多接触的。他就在那边等，等到家里的男人回来了，把坛坛罐罐里的大豆拿出来。”

就这样一村村地找、挨家挨户地问，从一颗两颗到成千上万颗。在20多年的时间里，盖老一共收集到了1.5万多份大豆地方品种。在1998年，他建成世界第三大大豆种质综合性状数据库，随后绘制了中国大豆育成品种系谱图，提出了中国大豆品种熟期组划分方法和品种生态区划，发现了栽培大豆起源南方野生群体的分子遗传学论据。“中国所有的大豆产区我都去过。”盖钧镒院士自豪地说。

让18亿亩耕地和60亿亩草原都有良种保障，是育种家的奋斗目标。这些年，盖钧镒创建国家大豆改良中心，主持国家大豆育种攻关，主持或参与育成大豆新品种20余个，并在长江中下游及黄淮地区推广种植5 000多万亩。其中，通过高产育种与栽培实践的结合，选育出超高产大豆新品种南农88-31，使大豆亩产提高10%，达到世界先进水平。

“中国的农业必须要有自给自足的能力。”这是盖钧镒常挂在嘴边的一句话，“要建立前瞻性计划，像水稻、玉米一样，围绕各类作物全面杂种化开展全国攻关，形成中国的种业特长。”目前，国内大豆的每亩产量在120公斤左右，而美国、巴西大豆可以达到每亩200公斤，国内大豆产业受到国外转基因大豆的极大冲击已经是不争的事实。在盖钧镒看来，如果我国在大豆上做到了杂种化，大豆产业的国际竞争力也会随之而来。

“新时代种业发展，需要大量科学人才”

“中国用7%的耕地养活了世界22%的人口，培育出高产、优质又安全的农作物，关系着国家和人民的生存与安全，还要靠年轻一代勇当先锋。”80多岁的盖钧镒院士至今还带着25个学生，“种业人才对行业发展至关重要”。

2011年，国务院发布《关于加快推进现代农作物种业发展的意见》，加强农作物种业人才培养被正式提上日程。文件一经发布，盖钧镒牢牢把握“加强高等院校农作物种业相关学科、重点实验室、工程研究中心以及实习基地建设，建立教学、科研与实践相结合的有效机制，提升农作物种业人才培养质量”等文件精神，立即召集全国10多个有农学专业的院校，研讨如何创建能够满足种业育繁推一体化全产业链发展机制的种业科学学科。最终，南京农业大学农学院的种业科学系于2011年建系，至今培养了全日制本科、学术硕士、学术博士等种业科学专业的各类复合型人才和专门人才1 300余人。

同时，盖钧镒还在“产学研”“农科教”相结合方面进行了有益的探索和成功的实践。他在圣丰种业院士工作站所构建的“大豆育繁推一体化育种技术体系”获得行业高度认可；他带领的国家大豆改良中心目前已成为国家大豆改良理论和技术研究的平台及人才培养的重要基地。

“看看我国种业的科研情况，80%的科技人员主要集中在科研单位，而80%的种子企业缺乏自主创新能力。”鉴于此，2011年夏天，盖钧镒便带着南京农业大学农学院张红生

和刘康两位教授直奔农业部，提出“充分利用高等院校教学资源，加大农作物种业人才继续教育和培训力度，为我国农作物种业发展提供人才和科技支撑”的建议。

于是，从2014年开始的每个农闲时节，在农业部种子管理局的支持下，主要面向全国种子企业开展的种业科技专题性短期培训班开课了。“这种集中式授课的方式，让我们有机会与国内最权威的专家学者学习交流，不仅加快了先进技术和经验的推广，还促进了产学研良性互动。”至今，4年5期的培训班显然令种子企业科技人员受益匪浅。

同时，盖钧镒创建的国家大豆改良中心成为我国大豆遗传改良理论和技术研究的重要平台，成为我国大豆研究领域培养高级人才的重要基地。他始终倡导高层次人才培养必须将学科前沿与基础知识相融合，将科学研究与课堂教学相结合，坚持为作物遗传育种学科开设主干课程，为大豆研究领域培养了一批又一批杰出的农业科技人才。

有人说：“盖院士扎在农民堆里，绝对难以分辨。”的确，流淌在他血液里的那份对土地的深情、对农业的忠诚、对农民的体恤，让他甘愿辛勤付出，不求任何回报。

今天的盖钧镒学有所成，他是中国大豆科技界唯一的一名院士；今天的盖钧镒桃李满天下，他培养的学生许多都是高层次的领军人才；然而，今天的盖钧镒并不满足，他说："要发展大豆科技，重振大豆产业旗鼓。"有这样一批执着信念的大豆育种家，我们有理由相信：总有一天国产大豆定能装满仓。

朱英国

朱英国（1939—2017年），湖北罗田人。1964年从武汉大学生物系毕业后留校，1975年被任命为湖北省水稻三系协作组组长，1985年任武汉大学生物系副教授、1991年任教授、1993年遴选为博士生导师，2005年当选为中国工程院院士。曾任武汉大学生物系遗传研究所所长、植物生物技术与遗传资源利用教育部工程研究中心主任、武汉大学学术委员会副主任等职务。

他始终奋斗在科研、教学第一线，带领研究团队，坚持将基础研究、应用研究和产业化紧密结合，在杂交水稻雄性不育与恢复分子机理、种质创新、新品种选育与推广等方面取得了巨大成就，为我国粮食安全、生命、科学生物技术人才培养作出了巨大贡献。20世纪70年代，他带领团队育成红莲型雄性不育系，并实现三系配套，成为继野败、包台之外被国际上公认的新的细胞质雄性不育类型；80年代育成一系列马协型雄性不育系；先后育成了多个优质、高产杂交水稻品种。他先后主持完成“863”计划、“973”计划、国家支撑计划等一系列国家重大科技项目，曾获全国科学大会奖、国家科技进步奖特等奖、技术发明奖二等奖、自然科学奖三等奖，以及湖北省科学大会奖、科学技术突出贡献奖、科技进步奖特等奖和一、二等奖，中国高校技术发明奖一等奖等。他曾获全国先进工作者、国家级有突出贡献的专家、国家“973”计划先进个人、全国师德先进个人、湖北省劳动模范、袁隆平农业科技奖、改革开放30年影响湖北30人等荣誉。2017年12月，教育部追授朱英国“全国优秀教师”荣誉称号。

与苍生同梦

——追记中国工程院院士，武汉大学教授、博士生导师 朱英国

“我家祖祖辈辈是农民，都梦想着粮食丰收，可总是不尽如人意。我读中学时挨过饿，看到过饿死的人；读大学又遇到国家三年严重困难时期，我和许多学生都因为缺乏营养得了浮肿病。这些经历，坚定了我一辈子搞粮食研究的决心。”这是中国工程院院士、植物遗传学家、武汉大学教授朱英国生前说过的一句话。

1939年11月，朱英国出生在湖北省黄冈市罗田县的一个小山村里，经历了战火纷飞的年代。刚上学的时候就向左邻右舍借“学费米”，甚至到了参加高考的1959年高考前一周，他仍然体验着挨饿的痛苦滋味。沉痛的饥饿记忆，让他在报考武汉大学时连写了3个同样的志愿——生物系！生物系！生物系！！

投身农业，追求粮食增产丰收，让天下苍生吃饱饭，成为他毕生的追求。

心系苍生天下事，赢得生前身后名。朱英国培育的红莲型与袁隆平的野败型、日本的包台型被国际育种界公认为三大细胞质雄性不育类型。他培育的红莲优6号、珞优8号等品种，在国内外累计推广1亿多亩。他致力于两系杂交稻的研究与推广，救两系研发于危难，探索两系杂交稻的理论奥秘，选育出一系列籼、粳型光敏核不育系，两系品种进入大面积推广……

2013年7月22日下午，习近平总书记考察湖北期间，专程前往鄂州水稻基地视察。当听说朱英国培育的杂交稻良种推广种植效果后，总书记十分高兴，“您辛苦了！感谢你们作出的贡献，希望各位继续努力，科技兴农，粮食安全要靠自己。”

衔着稻种，一年飞过三个夏天

如今的南繁基地已经成为育种的重地，现代化的基础设施随处可见，一到冬天就有无数的科学家飞抵，在这片冬天也可以生长作物的地方开展加代育种，以加快品种选育的速度。这些科学家就像候鸟一样，来了又去，去了又来，年复一年。

朱英国是最早的一批候鸟之一，他被人称为“水稻候鸟”。从20世纪70年代开始，每年秋天，朱英国从江汉平原来到广西南宁，严冬将至，又转到海南育种，直到第二年春天，通过加代育种，加快新品种的选育步伐。

他与一株来自海南的红芒野生稻结缘，一结就是一辈子。1972年，红芒野生稻和莲塘早杂交而成的红莲杂交稻的前身进入第一次试验。秋风瑟瑟，在武汉大学不保温的温室里，秧苗被冻得像怕冷的人一样猫着腰。朱英国心急如焚，就搬来烧开水用的火炉。担心出意外，他就日夜坚守。坚持到10月，试验出现了期许的现象，但这又累又“土”的办法不是长久之计。于是，朱英国开启了自己的“候鸟人生”。

1972年11月20日，同住一室的朱英国和邓海铭，作为湖北最早的试验小组之一，即将踏上南繁之路。在朱英国的日记里，记下了当时他与邓海铭的对话：

邓：英国，我们这一去得搞很久吧？

朱：不是临时性任务，要长远考虑，短则十年八载，长则一辈子。

邓：那我们以后不能回家过年？

朱：春节正值海南稻苗返青，需要看守，肯定回不来。

……

从武汉坐40小时火车硬座到湛江，下车后换几小时汽车到海安，住宿一夜，坐两三个小时混装轮船横渡琼州海峡，再从海口坐约10个小时汽车，抵达海南陵水县椰林公社。

路途的遥远才只是开始。

试验田的活儿又苦又累又细：蹲在稻丛间，小心翼翼地把住穗头，剪颖、去雄、套袋……海南太阳又大又毒，每次下田，全身湿透。

守护试验田，更是头等大事。硕大的田鼠经常把科研组辛辛苦苦培育的禾苗咬断，朱英国和同事只得将铺盖搬到田埂边，每天晚上拉隔网、撒鼠药、放夹子、持长杆，轮番值守……

天天到田间地头还可能有生命危险。一次，邓海铭到试验田间查看，正好看到有老鼠在啃稻秆，没想到老鼠不怕人，冲过来就咬了邓海铭的脚，早就听说过被海南的毒老鼠咬了可能会丢命，朱英国赶快扶着邓海铭去找郎中，经过一番治疗，终于消了毒。

经历种种磨难，几番冬去春来。朱英国和科研人员经反复试验筛选，发现红芒野生稻和莲塘早多次杂交的后代种质非常好，红莲第一代终于诞生。

又经过不断试验、反复筛选，朱英国在不育系和相应的保持系的基础上，找到了大批恢复系。从科研的角度上，成功实现了三系配套。在当时由湖北省农业厅、省科学技术委员会、省农业科学研究所（今湖北省农业科学院）联合召开的试种鉴定会上，认定红莲华矮15不育系与意广等恢复系培育出来的杂交早稻产量较常规早稻高出两成以上，并且认定红莲的细胞质雄性不育系，是适宜在长江流域大面积种植的早稻品种，是当时国内也是全世界唯一的杂交早稻组合。

1978年3月18日，全国科学技术大会在北京隆重举行。在这次昭示着科学技术和科技工作者春天到来的大会上，红莲三系获得全国科学大会奖，同时，武汉大学水稻三系科研小组被评为先进集体。

红莲成为水稻不育系另一极

1966年，日本科学家选育出包台型三系配套，但因为存在科学缺陷没能走向推广应用。而真正将三系杂交应用到大面积生产中的，是袁隆平的野败型和朱英国的红莲型。

从20世纪70年代末到21世纪初，红莲从试验成功到走向大田生产用了30多年。如今，红莲型杂交稻在国内外推广种植面积累计超过1亿亩。其中，珞优8号最高亩产达876公斤，跨入超级稻行列。红莲不仅惠及5亿中国农民，而且正造福多国人民。

2017年12月初，记者到武汉采访时，朱英国院士团队的高级工程师朱仁山刚刚收到红莲优6在巴基斯坦的生长情况，“今年巴基斯坦的天气变化多端，但红莲经受住了考验，长势稳定，没有受到影响。”

除了产量高、米质好这两个好稻种的普遍标准外，红莲型杂交稻适应性强的优点，挺直了红莲走向世界的腰杆子。红莲型杂交稻不仅在我国长江流域、四川盆地、华南地区和河南南部均能种植，而且连续多年在东南亚、非洲等多国种植，比当地品种增产20%～50%，特别是在天气极端变化的年份，红莲的产量仍能保持稳定。

然而，在20世纪70年代末，红莲虽然已经取得了科学上的成功，但朱英国很清楚，从科学认定到大面积推广，还有一段很长的路要走。

武汉大学教授李绍清说，红莲从实验室走向大田，看上去只是隔了一个田埂或一条水渠，不过几米、几十米的距离，却不亚于唐僧师徒西天取经遇到九九八十一难。而在这条“取经”的路上，朱院士和他当年的战友们不知要翻越多少“崇山峻岭”，也不知要遇到多少“妖魔鬼怪”。

细胞质创新、不育系创新、恢复系创新、杂交组合创新、产业化创新、常规育种与分子技术创新，在长达近40年的时间里，一个个难关被突破，一个个创新累积成红莲通往推广的路。

在朱英国的科研版图里有“三大攻关”，红莲是其中之一，另外两个是马协和两系。

20世纪80年代，朱英国就提出从农家品种中发现新的不育种质资源的设想。1984年3月，经过大海捞针，他和助手余金洪在上千个农家品种中发现了马尾粘中一棵不育株。经过3年杂交试验，马尾粘细胞质雄性不育系马协A终于成功培育出来了。马协型杂交稻的突出特点是米质优，目前在全国推广面积已超过2 000万亩。

水稻界专家认为，马协型和红莲型杂交水稻开创了从农家品种中获得雄性不育资源的新领域，有效防止了单一细胞质来源可能给我国粮食安全带来的潜在风险，为保障国家粮食安全作出了重要贡献。

单一细胞质来源有什么潜在的风险？在20世纪70年代，美国的杂交玉米曾经因为单一细胞质来源品种，而导致毁灭性的打击。而在2014年的非洲喀麦隆，我国的科研工作者曾经把国内的189个杂交品种拿去试种，其他品种全部得了稻瘟病，而唯独红莲型品种长势良好。在野败型之外，我们有了红莲型，这就可以把粮食安全放在两个不同的篮子里，为国家粮食安全特别是水稻安全加上了双保险。

开放研究推动两系稻花飘香万里

2014年，两系法杂交水稻技术研究与应用获得国家科技进步奖特等奖，这一全国数万名科技工作者经过30多年协作攻关完成的项目实至名归。朱英国是成果的主要完成人之一。

资料记载，朱英国在回顾两系杂交稻的培育过程时，他强调两系法最早起源于湖北，强调是石明松原创，强调是在石明松研究遇到困难的背景下，武汉大学全心投入、鼎力相助，帮助石明松扭转被动局面。

1980年6月12日上午，石明松在朱英国去试验基地的路上拦住了他，“朱老师，能不能耽误您一点时间，我的两系研究遇到难题，想请武大的教师帮忙解决。”

朱英国请石明松一起回到了办公室，原来石明松为了搞两系，已经坚持了七八年，快要搞得倾家荡产了，眼看着就到了关键时候，实在撑不下去了，而且有些技术难题要攻克，就找到了朱英国，向武汉大学的专家教授请教。

朱英国毅然决然地伸出了援助之手。第二天，朱英国就到省农牧渔业厅汇报相关情况，省农牧渔业厅希望朱英国把项目接下来。朱英国提了两个建议：一是请省里出面慰问石明松，给他精神和物质鼓励，帮他解决实际困难；二是省里成立两系协作组，让石明松具体负责，他把搞三系的团队组织起来，帮助石明松攻克技术难关。省农牧渔业厅采纳了这两个意见。

经过多方努力，湖北省成立了两系攻关协作组并设立了专项经费。协作小组成员单位由武汉大学、华中农学院（今华中农业大学）、华中师范学院（今华中师范大学）和仙桃方面等组成；石明松为协作组副组长，省农牧渔业厅总牵头。研究经费由省农牧渔业厅拨款。

从1980年开始，朱英国始终坚持两系法杂交水稻研究，不仅选育了多个通过国家鉴定的籼型光敏核不育系，还对育性稳定性、育性的遗传行为、光敏基因的定位等基础理论进行了研究。1988年，涵盖朱英国选育成果的第一批两系光敏核不育系通过国家鉴定。

1986年，朱英国决定把两系推向全国，通过开放搞研究，让两系在全国遍地开花。全国各地纷纷从湖北引进两系不育系开展后续研究，许多单位取得了不错的成绩。其中，东北的杨振玉和袁隆平的湖南杂交稻中心都育成了优良品种，也在生产中推广了较多。

2014年，两系法杂交水稻技术研究与应用获得国家科技进步奖特等奖时的材料中介绍，两系法杂交水稻推广区域遍布全国16个省，有20个两系杂交稻被农业部确认为超级稻主推品种。2005—2012年，两系法杂交稻连续8年蝉联杂交稻品种年推广面积第一。截至2012年，两系法杂交稻已累计种植4.99亿亩，总产2 358.2亿公斤，增产稻谷110.99亿公斤；总产值5 777.59亿元，增收271.93亿元，为保障国家粮食安全提供新的科技途径。两系法杂交水稻是国际首创的拥有自主知识产权的科技成果，为农作物遗传改良提供了新的理论和技术方法，确保了我国杂交水稻研究与应用的世界领先地位。

中学生、农技员成长为教授、高工

朱仁山是武汉大学的高级工程师，在朱英国团队里主要承担品种选育的任务，红莲优6、珞优8号、珞优10号这些响当当的品种都凝聚了他大量的心血。

最初，朱仁山来到朱英国团队时仅有中专学历，但他韧劲足、能吃苦、爱学习。20世纪90年代，因为纯度这一项指标存在问题，红莲研究曾一度陷入困境，朱仁山坚信红莲肯定能行，就坚持一直试验，最终攻克了难题。朱仁山说："朱老师看我有坚持的毅力，就坚定地从方方面面支持我。当我遇到困难时，就与我一起分析问题的原因；当我有进展时，就及时指导我下一步的方向。"

2005年，在美国加利福尼亚州一家生物技术公司担任首席科学家的杨代常，接到了朱英国的电话"你该回来了"。杨代常立即卖掉房产、放弃股权和丰厚待遇，毅然回国。回国后，承担了国家"973"计划、"863"计划和国家自然科学基金等多个重大项目。2014年，杨代常的科研成果荣获国家技术发明奖二等奖。

1975年，在湖北沔阳进行杂交水稻的培训与推广中，朱英国发现当时不到20岁、初中都没毕业的杨代常很执着，是个苗子。于是，给他送去科普书籍，悉心指导。1985年，武汉大学招收首届插班生，在朱英国的极力推荐下，初中肄业的杨代常实现了自己的大学梦。经过刻苦努力，杨代常成为朱英国的第一个硕士生、第一个博士生。

“水稻研究比较原始、条件差，有的环节甚至比农民苦。当时跟我干的几个中学生，不仅能吃苦，而且爱学习、爱思考，比较聪明并且都有梦想。”朱英国曾这样说。他爱惜人才，不论出身，成就了别人的梦想，也为我国水稻研究培育了栋梁之才。

目前，朱英国一手带出的红莲型杂交稻研发队伍形成了3支力量：以他的学生何光存、杨代常、胡骏为代表的基础研究队伍，以朱仁山、余金洪为代表的应用研究队伍，以及由深圳一家民营企业为主要代表的市场推广队伍。

朱英国先后培养了100多位硕士研究生、博士研究生和博士后。他们有的成为国家和省级科研单位的科研骨干，有的在大学里担任教授甚至走上院长的工作岗位，还有的在农业部门或党政机关从事管理工作。

2017年8月9日，朱英国因病医治无效在武汉去世，他为国家粮食安全奋斗了一生。而他的学生们依然沿着既定的方向前行……

赵久然

1962年出生，北京平谷人。博士，研究员，现任北京市农林科学院玉米研究中心主任，兼任农业农村部玉米专家指导组组长。

曾获得全国创先争优优秀共产党员、国务院全国粮食生产先进工作者、推动北京创造十大科技人物、全国农业先进集体等荣誉。入选北京学者、全国农业杰出科研人才等。

曾获国家科技进步奖一等奖、中华农业科技奖一等奖、全国农牧渔业丰收奖一等奖等科技奖励多项；组织和带领一支年轻的团队，主持选育玉米品种100多个，累计推广2亿多亩，其中5个品种被农业农村部列为主导品种；获得国家发明专利及植物新品种权100多项。培育玉米单倍体诱导系6个，创制DH系新种质材料5万多份，协议分发给国家玉米良种攻关协作组及40多家科研单位和企业2万多份次，促进我国玉米种质资源和育种材料的交流与共享。

开拓作物标准DNA指纹构建和品种分子鉴定研究领域，研发玉米标准DNA指纹库构建关键技术及核心SSR引物试剂盒、SNP芯片等，制定6项国家或行业标准，获得多项发明专利；构建已有3万多个品种、全球数量最大的玉米标准DNA指纹库。作为农业农村部“农作物品种DNA身份鉴定体系构建”技术牵头人和科学技术部国家重点研发计划“主要农作物种子分子指纹检测技术研究与应用”项目首席科学家，开展基于第三代分子标记SNP的七大农作物DNA指纹库构建。

玉米团长的玉米情怀

——记农业农村部玉米专家指导组组长，北京市农林科学院玉米研究中心主任、研究员 赵久然

在中国，有一个名字与玉米密不可分，那就是赵久然。赵久然是北京市农林科学院玉米研究中心主任、农业农村部玉米专家指导组组长。2001年至今，他主持培育的品种有100多个品次通过审定，被农业农村部列为主导品种的就有5个，其中京科968已成为当前我国年种植面积超2 000万亩的3个主导大品种之一；京科糯2000十多年来一直是我国种植面积最大的鲜食玉米品种；京农科728成为我国首批通过国家审定的直收籽粒玉米品种；他还带领团队构建了我国玉米标准DNA指纹库，已为3万多个品种建立了分子身份证，从此品种鉴定化繁为简；他研发并推广应用的单倍体育种技术大幅提升了育种效率，使育种工程化成为现实……这些成就促进了种业发展，为亿万农民增产增收，也彰显了一个育种家的奉献情怀。

优良品种让农民增产增收

每年的九十月份都是赵久然最忙碌的季节，黄淮海、东华北的玉米渐次成熟，他主持研发的籽粒玉米、青贮玉米、鲜食玉米品种表现怎样？农户种植是否又实现了增产增收？这些都需要他实地去了解、调研。

近几年，由他主持选育的京科968、京科青贮516、京科糯2000等品种以燎原之势迅速推广。多年前，他将玉米的育种目标确定为“高产、优质、多抗、广适、易制种”，并按照这个总体目标一直在努力践行。同时，提出采取“以耐密植为核心的多抗广适稳产性育种路线”，创新了以“高大严、DH单倍体育种、配合力测定、分子标记辅助选择、多生态区多点鉴定等”为主要内容的五位一体育种技术，形成可相互衔接、流水线作业的工程化育种技术体系。采用这一创新育种技术，创制选育出京724、京MC01等X种质系列骨干自交系20多个，创新培育并审定玉米杂交种品种80多个。其中，京科968（京724×京92）于2011年通过国家审定，具有“高产、优质、多抗、广适、易制种”等综合优点，并具有抗病虫、耐瘠薄、氮高效、品质优、粮饲通用等突出特点。该品种非常契合当前节本增效、提质增效的绿色农业发展形势，也深受广大农民喜爱。据农业农村部统计，2016年京科968的种植面积已经超过2 000万亩，仅在内蒙古通辽一个地级市年种植面积就达到千万亩。也因此，通辽市政府特别嘉奖赵久然，授予他科学技术合作奖。经国家区试和生试上百个点次试验的大面积生产实践检验，京科968

可比对照平均增产10%以上，亩增产100公斤以上，并涌现出大量的亩产超过1 000公斤的农户吨粮田。

同时，赵久然还研发了京科968等多个主推品种雄性不育制种技术，获得了7项发明专利，授权许可8家企业大规模应用，使每亩可节省去除雄穗的人工成本200元以上；京农科728突破夏播玉米机收籽粒技术瓶颈，成为我国首批国家审定籽粒机收品种，实现大面积夏玉米机收籽粒。并经受住了近年来黄淮海夏玉米区频发的高温热害和大风倒伏灾害考验，表现出高产稳产、抗多种逆，已大面积推广1 000多万亩。经国家区试和大面积示范证明，这个品种不仅早熟、耐密宜机收，而且耐旱节水，适应性非常广，成为京津冀农业协同发展的主推品种和黄淮海夏玉米机收籽粒品种的标杆对照品种及主导品种。

玉米种植结构调整，“粮改饲”是一个重要趋势。但种植户和养殖企业对青贮玉米的品种要求不尽一致、各有侧

重。种植户要求生物产量高，而养殖户更看重青贮玉米的品质。而要满足双方的要求，就要选育既高产又优质的专用青贮玉米品种。京科青贮516、京科青贮301就是赵久然带领团队于10多年前选育出来的既高产又优质的专用青贮玉米品种。在当前的“粮改饲”调结构实践中大显身手，不但生物产量高，适收期长，而且干物质、淀粉含量等各项指标都能达到一级，成为专用青贮玉米的主导品种，平均亩产可达5吨以上，被多家大型企业优先选用。

京科糯2000是糯玉米品种，不但产量比对照品种增加30%以上，而且品质优良。加工后不回生，适采期大大延长，可达10天，非常适合规模化种植和速冻加工。并且，适宜种植范围非常广，北至黑龙江，南至海南岛甚至越南都有广泛种植。该品种已经相继通过国家审定和20多个省级审定，也是我国第一个在国外审定的玉米品种；10多年来一直是我国种植面积最大的鲜食玉米品种，曾占到我国鲜食糯玉米总种植面积的70%；也成为越南、韩国等“一带一路”国家的主栽品种；累计面积超过6 000万亩。多家鲜食玉米种植加工企业每年出口的京科糯2000速冻玉米穗数以亿计，已经销往50多个国家。京科糯2000的创新培育，引领了鲜食糯玉米育种的杂优模式和鲜食糯玉米的产业发展方向，被业界同行普遍认可为里程碑式的品种。京科糯2000之后，赵久然又带领团队，创新选育出甜加糯、营养强化系列品种。农科玉368现已成为当前我国种植面积最大、范围最广的甜加糯型鲜食玉米新品种。

玉米研究中心设有咨询热线，电话的另一头有同行专家、管理部门领导、企业老总，但更多的是基层农技人员和农户。赵久然的许多时间用在了电话科普上。北京市房山区农民韩凤岭想试种鲜食玉米，多年前找到赵久然，赵久然给了他试种种子，教给他种植要领，他越种越多，现在成了专业种植京科糯鲜食玉米的大户，每年收入数百万元。多年来，得到过赵久然指导的人不计其数，通过种他的品种增产增收的农民更是千千万万。

科技创新助种业提速提效

在育种取得显著成就的同时，赵久然和他的团队构建的玉米品种DNA指纹库对促进中国种业发展也作出了突出的贡献。这项工作最早可以追溯到1993年开展的种子同工酶技术，到1995年的RAPD分子标记、2000年的SSR分子标记、2007年的SNP分子标记，不断与时俱进、开拓创新。

如何将分子技术运用于品种鉴定是一个重大课题。玉米品种用于生产的数以千计，光靠外表形态识别，别说农民就连品种管理部门甚至育种家自己也很难分清。市场上张冠李戴、套牌侵权行为时有发生。把已经通过审定的、在生产中应用的、参加试验的、申请保护的每一个品种都做一个标准的DNA指纹，建立一个庞大的指纹库，任何品种只需与库中品种比对就知道它的真实身份了。这件事的深远意义不言自明，但做起来却异常艰难。

技术上的难在于前所未有，环境上的难在于反对声、质疑声不绝于耳。赵久然坚持用事实说话，实践是检验真理的标准，他顶住压力，克服阻力，潜心研究，终于建成了具有巨大创新意义的玉米标准DNA指纹库。如今，指纹库中已经有30 000多个品种的标准指纹，任何品种只用种子、叶片或任何组织提取DNA指纹与库里的标准指纹比对，一天之内就可以确定品种的身份。

这项工作开拓了作物标准DNA指纹构建和品种分子鉴定研究领域，研发玉米标准DNA指纹库构建关键技术及核心SSR引物试剂盒、SNP芯片等，制定6项国家或行业标准，获得多项发明专利；构建已有3万多个品种、全球数量最大的玉米标准DNA指纹库，并在品种试验、审定、确权、司法鉴定等方面广泛应用。DNA指纹鉴定技术得到了业界广泛的认可和使用，为玉米种子质量检测、品种管理、品种权保护、侵权案司法鉴定、企业维权、农业科研教学等带来了极大的便利。目前，他作为农业农村部“农作物品种DNA身份鉴定体系构建”技术牵头人和科学技术部国家重点研发计划“主要农作物种子分子指纹检测技术研究与应用”项目首席科学家，赵久然不断与时俱进，自2007年开始研究基于第三代分子标记SNP的指纹构建和鉴别技术，已经研发出200K、6H90K、2072、384、InDel50等系列芯片，以及基于KASP的样品高通量检测平台，继续在该领域发挥进一步创新引领作用。

赵久然的另一大贡献是研发并利用单倍体育种技术，创制了大量玉米新种质材料。单倍体育种是现代生物育种的支柱技术。和常规育种相比，一是快，过去获得一个纯系需要七八代以上，现在只要两代；二是纯，获得纯系的性状稳定而整齐；三是准，快速选择和淘汰加快了有利基因积累；四是工程化，多部门协调配合育种，整个过程可设计，结果可预见。创制玉米单倍体新诱导系6个，并获得植物新品种权；创制DH系新种质材料5万多份，分发给国家玉米良种攻关协作组及40多家科研单位和企业2万多份次，促进了我国玉米种质资源和育种材料的交流与共享。很多单位利用DH系配出品种通过审定，传统的个体手工作坊式的经验育种已转变为现代化大规模流水线式的工程育种。赵久然主持选育的京单28、京单58等系列早熟、耐旱品种，为京津冀等地实施玉米雨养旱作节水提供了品种和技术上的支撑。

培育人才为明天蓄势蓄能

赵久然有个昵称叫玉米团长，他很中意这个名字。他说："玉米是我的工作，我带领着一支年轻实干的玉米科研团队，不断进行着玉米科技创新工作。"多年来，赵久然的团队一直本着以科研为基础、以需求为导向、以创造价值为核心的理念，培育在生产中有价值的品种。团队拥有立体的全方位品种体系，籽粒玉米、鲜食玉米、青贮玉米育种齐头并进。

赵久然注重培育品种，更注重培养育种人才。团队中只有他是60后，其他都是1997年玉米中心成立以后招收的新

毕业的年轻人。现在团队主力是40岁左右的70后，赵久然向他们传授育种理念和方法，随时随地交流讨论研究中出现的问题和解决的方案；充分发挥每个人的特长，使其施展才华、尽快成长。鲜食玉米育种专家卢柏山获得了中国种子协会评选出的首届鲜食玉米育种领军人物；研究员王元东获得了农业部颁发的粮食生产先进科技工作者；王凤格博士成为玉米DNA指纹技术研发的负责人；硕士毕业刚3年的张如养也很快进入角色，成为分子育种创新团队的骨干。

赵久然令人感佩的还有他的战略眼光和对玉米的专注。他认为，一名育种家应该准确把握玉米生产和产业发展的总体需求，也要掌握不同区域的需求及差异，不但要看到现在，还要看到未来，至少要看到10年后的需求。前些年，青贮玉米发展空间不大，但他坚信青贮玉米品种一定会有需求，提早选育出了京科青贮516、京科青贮301等既高产又优质的专用青贮玉米品种。果然，几年后国家调减籽粒玉米种植，实施“粮改饲”战略，青贮玉米产业迎来发展黄金期，青贮玉米品种有了用武之地。2000年底，赵久然去美国考察，他意外地发现：已是12月底的深冬季节，农田中积满了雪，但还有大片大片的玉米站立在农田没有收获。这给了他深深的触动。“玉米机械直接收获籽粒，要更抗倒伏，即使成熟之后也不能倒伏”，这也是未来我们需要的品种。赵久然铭记在心并将此作为一个育种目标。2012年，符合这一目标的京农科728选育出来，并在2017年首批通过国家机收籽粒品种审定，现已开始大面积推广。

对赵久然而言，眼里看的、心里想的全是玉米。过去他有许多爱好，如桥牌、围棋、旅游，后来都戒掉了。如果不出差，赵久然的一个典型周末是这么过的：5点多起床，去北京植物园长走3小时，9点钟去办公室，晚上7点多才回家。在他眼里，最好的风景就在玉米田。他的办公室墙上是玉米logo，楼道里是整箱的玉米，办公桌上是不同品种的玉米穗。即便是起床前、赶路时，他的脑子里也都是玉米那些事儿。

一次赵久然和同事去爬山，边走边聊如何能选育出比京科糯2000更好的鲜食糯玉米品种，聊着聊着突发灵感，想选育在同一个果穗上既有甜粒又有糯粒并且叶酸含量高的甜

加糯营养强化型品种。明确了方向，他马上着手种质鉴定和创新，加上分子标记辅助，很快选育出了现在的京科糯928、农科玉368等系列甜加糯新型糯玉米品种，叶酸含量达到每百克籽粒300微克以上，是一般糯、甜玉米叶酸含量的4～5倍，非常适合孕妇食用。

从开始育种至今，20多年里赵久然的工作状态一直是白加黑、五加二"，主要节日都休息不了，"五一"是播种，"十一"是收获，春节在南繁。常和赵久然一起出差的人都发现他有踩点赶飞机和多乘晚间航班的习惯，他的解释是想把工作尽量安排得紧凑，不耽误白天时间。育种家在田里的时间比农民还多，劳动强度比农民还大，而且还要思考谋划，每一个品种都凝结了汗水与智慧。赵久然今年实际年龄已经56岁了，但他没有年龄感，也还没有想过退休后的生活，他的充沛精力源于他的坚定目标，即选育更多、更好的品种。他常说："玉米育种既是我的工作，也是我喜欢用心去做的事业。这是我的责任，也是我的幸运。"

程武华

1958年出生，浙江遂昌人。博士，博士生导师，研究员。现任中国水稻研究所所长、国家水稻改良中心主任，兼任全国超级稻研究与推广专家组组长、国家水稻产业技术体系首席科学家、亚洲水稻研究合作委员会（CORRA）和联合国粮食及农业组织国际水稻委员会（IRC）中国代表。

程式华参加农业科技工作30多年来，一直以埋头学习、埋头苦干、埋头探索的精神激励和要求自己，辛勤耕耘、默默奉献。在水稻遗传育种研究领域取得了突出成就，他培育出国稻1号、国稻6号等国稻系列超级杂交稻品种，累计推广7 000多万亩，相关成果获5项国家奖。其中，以第一完成人获国家技术发明奖二等奖和国家科技进步奖二等奖各1项，以主要参加人获国家科技进步奖特等奖、二等奖及自然科学奖三等奖各1项。享受国务院政府特殊津贴，获中华农业英才奖、全国农技推广标兵、农业部和浙江省有突出贡献中青年专家、浙江省科学技术重大贡献奖、浙江省劳动模范和浙江省特级专家等多项荣誉。

长期主持国家和省部级重大科技专项及国际合作项目，主持或参与制定中国水稻发展战略、中国超级稻发展战略，组织全国水稻育种及水稻产业大协作，为我国水稻连续增产提供了科技支撑，为持续保持我国水稻育种世界领先水平作出了重大贡献。

唯愿天下粮仓丰

——记水稻产业技术体系首席科学家、中国水稻研究所所长　程式华

他潜心水稻育种，埋头躬耕稻田，从事科研工作30余载，培育了20多个水稻新品种，获得5项国家科技奖；他敢于打破传统，独辟蹊径，创建了以提高水稻生育后期光合能力为目标的育种技术体系，育成了国稻系列杂交稻品种并大面积推广，在三系法超级杂交稻育种研究领域取得了突出成就；他心系苍生饱暖，不断开拓进取，作为超级稻育种专项的领头人，他把中国的超级稻育种水平推向了国际领先地位，超级稻已在全国累计推广近12亿亩，增产600亿公斤稻谷，为我国粮食持续稳定增产作出了重要贡献。

身披烈日骄阳，脚踩泥泞大地，三十年如一日，他是稻田的守望者；静守初心，他是梦想的实干家；迎难而上，他是同行的领路人。他就是全国超级稻研究与推广专家组组长、国家水稻产业技术体系首席科学家、中国水稻研究所所长程式华。

立下青云志，唯愿粮仓丰

1977年恢复高考时，程式华已离开学校3年，在当地小镇上一家油条店当学徒工，匆匆上阵参加考试，通过了初试但未能通过复试。

1978年他重振旗鼓，顺利通过考试，成为“文化大革命”后恢复高考的第二届大学生。

“读什么专业”成了让他纠结的问题。父亲生前是农业工作者，“大概是流淌在血液里的遗传因子在召唤他”，尝过“饥饿”滋味的程式华对农业有着天然的向往。读农业，既可以让自己吃饱饭，也可以让更多的人免受饥饿之苦，这是一项崇高的职业。由此，他走进了浙江农业大学（今浙江大学）的校门。

4年寒窗，大学毕业后，程式华回到了家乡浙江省富阳县（今杭州市富阳区）。农业局领导建议他到基层锻炼，于是把他分配到大源农牧场。牧场的条件异常艰苦，劳作强度非常大。白天没有地方休息，就在夏日的晒场上席地而坐；晚上没有地方洗澡，就跑到山谷用冷冷的溪水冲凉。艰苦的环境锻炼了程式华，也让他练就了一副好的身板。他曾挑着180斤装满稻谷的大箩筐举步生风，连农场场长程建南都夸他“这个大学生吃得起苦。”

在劳动的过程中，他一直在思考这个问题：“为什么农民如此勤劳却依旧吃不饱？”经过漫长的思索，他觉得唯有科技才能改变中国农业，只有培育出好种，打更多的粮食，才能让更多的人过上好生活。于是，他重新拿起了书本，报考了农学研究生。

白天艰苦劳作，晚上挑灯夜战，程式华的付出获得了回报。在农牧场工作的第二年，程式华考上了华南农业大学的硕士研究生。1986年，硕士研究生毕业后，他被分配到了中国水稻研究所工作，由此开始了他与水稻的毕生缘分。

潜心搞科研，奔波不停步

民以食为天，食以稻为先。“湖广熟，天下足。”水稻作为我国第一大粮食作物，占我国粮食总产量的40%以上，其对国家粮食安全的意义毋庸多言。新中国成立以来，我国水稻的平均亩产由126公斤跃升到现在的460公斤，这些成绩离不开程式华等育种工作者的艰辛付出。

培育一个新品种，最起码要8代繁殖。在浙江，中晚稻一年只能种一次，8年才达到稳定期，而在海南水稻全年都可生长，“浙江+海南”4年时间就能完成品种的选育，大大节省了育种时间。由此，像“候鸟”一样往返海南，成了育种工作者的日常生活。

与时间赛跑，在烈日下挥汗，是每个育种工作者的基本功。水稻

所的一个重要研究基地在海南省的陵水县，每年程式华都去那里。

从富阳到陵水，20世纪80年代还颇费周折。要先从浙江杭州坐火车，到了广东广州后，再坐车到广东湛江的海安港，然后坐船到海口，再接着坐车到陵水，路上的艰辛是现代年轻人难以想象的。

是什么支撑了他始终如一的科研热情？“一个是责任感。科研人员要有这种责任感，我们的科研关乎千万人手中的饭碗，我们是在为中国的粮食安全而奋斗。另外一个是荣誉感。当农民竖起大拇指夸赞我们培育的品种产量高、品质好、口感佳时，那种自豪感便油然而生。”程式华的回答朴实而简单。

破解育种难，勇攀新高峰

两系杂交稻是利用光敏、温敏不育系配制的杂交稻。在20 世纪80 年代，我国南方地区常常出现两系杂交稻制种纯度低、繁种产量不高等现象。找出造成这些现象的原因以及解决的办法，成为当时水稻育种领域非常迫切的任务。

面对困难，程式华没有退缩，而是和同事一起攻坚克难。两系稻的母本“光敏不育系”非常神奇：在夏季的长日高温下，表现为雄性不育，这时所有正常品种都能和它交配，生产杂交种子，这个种子就是两系杂交稻的种子；在秋季的短日低温下又变成了正常的水稻，自己繁殖自己。这种杂交水稻因为只有不育系（母本）和恢复系（父本），而不需要保持系，所以称为两系法杂交水稻。

经过反复对比试验，程式华开创性地应用人工气候箱鉴定和大田分期播种相结合的技术路线，对光敏核不育水稻进行系统研究，发现温度在光敏核不育水稻育性转换中起重要作用。他还对光敏核不育水稻育性转换的光温反应型进行了科学分类，提出了实用型籼稻光敏核不育水稻育性转换光温反应的理想模式，从而帮助我国两系法杂交水稻研究走上积极、稳妥的轨道，避免了因盲目制种造成的生产损失。

以利用光温敏不育系水稻为基本材料培育的两系法杂交水稻，是杂交水稻从三系、两系到一系战略发展的重要一步。这项研究结果被国家科学技术委员会列为我国1992年度具有独创性和突破性的基础研究重大成果，1993年该项成果获农业部科技进步奖二等奖，1999年获国家自然科学奖三等奖，2013年获国家科技进步奖特等奖。

程式华最喜欢的一句格言是："应该相信，自己是生活的战胜者。"他坚信，只要大力发扬埋头学习、埋头苦干、埋头探索的"三埋头"精神，就没有克服不了的困难、没有完不成的任务、没有攀登不上的高峰。

发力超级稻，突破新高度

1996年，为了改变水稻产量徘徊的局面，农业部启动了"中国超级稻育种"项目，希望实现水稻超高产。2006年，农业部成立全国超级稻研究与推广专家组，程式华勇挑重担，担任专家组组长。

育种工作就像大海捞针，首先要找到好的亲本进行杂交，而且后代性能要结合双亲的优点，同时缺点要少。这样的工作除了眼光，还要靠运气，具体到工作中就是大量的测交试验。

通过一系列的试验和数据分析，程式华从超级稻育种亲本选配出发，提出了利用中间型亲本培育超级稻的理论，即利用形态指数和籼粳特异分子标记，从亲本到杂交后代进行籼粳属性检测，实现理想株型的塑造与籼粳亚种间强优势的结合。利用这套亲本选配理论，程式华与他的团队选育出了超级杂交稻组合协优9308和其他系列超级稻品种。

协优9308不负众望。2000年，由农业部科技教育司组织专家验收，协优9308在浙江省绍兴市新昌县百亩片平均亩产达到789.15公斤，其中高产田块亩产高达818.8公斤，创浙江省水稻单产历史新高。2004年，协优9308的选育、超高产生理基础研究及生产集成技术的示范与推广荣获国家科技进步奖二等奖，这也是第一个获得国家科技进步奖的三系超级杂交稻品种。此后，程式华开创了“后期功能型超级杂交稻”育种技术，培育了一批新一代超级杂交稻。2011年，程式华团队完成的“后期功能型超级杂交稻育种技术及应用”荣获国家技术发明奖二等奖，为当年作物科学领域唯一的一项发明奖。

20多年来，在程式华等育种专家和科研团队的联合协作攻关下，我国在超级稻育种理论研究、育种材料创制和新品种选育与推广方面取得了一系列重大突破。目前，全国共计培育了150余个超级稻品种，累计推广12亿亩，以每亩增收50公斤计算，超级稻为全国增产了近600亿公斤粮食。

程式华并不满足，他认为，未来的水稻育种要向3个方向努力：一是服务于国家战略需求，人口大国必须要保障国家粮食安全，超级稻的产量不能有任何松懈；二是满足市场需求，不仅要高产，更要出好米，具体地说，就是冷而不硬、软而不黏，有香味；三是符合现代生产方式的转变，要不断调整水稻品种满足机械化、直播等轻型栽培种植的需要。

点燃创新梦，照亮新征程

2001年12月，程式华被任命为中国水稻研究所所长。从科研岗位转换到行政岗位，工作性质的变化对程式华提出了新的挑战。如何管理好这个拥有大批高端人才和大量科研成果的研究机构，让水稻育种水平始终走在全国前列？如何激发科研人员的创新能力，留得住人才、引得进人才，实现水稻所的长久发展？一个接一个的难题摆在程式华的面前，他没有退缩，而是大胆革新。

一方面，程式华依旧本色不改，以育种为第一要务。他心里清楚，当时国内育种水平与国外先进国家相比还有一定差距，只有成为技术上的带头人，才能为同行者掌灯。因此，他紧抓育种试验不放，总是奔波忙碌在田间地头。科研之外，他还常常外出调研、与种粮大户座谈、为基层农技干部讲课，通过种种方式，指导各地水稻生产。

另一方面，程式华用制度创新激活了科研人员的科研热情，从而调动了科研人员的育种积极性。他着力从人事和分配制度改革入手，实行全员聘用制，重奖科研“精英”。当时，水稻所里的科研人员不少有核心产品，对于耗费大量精力研究出的好品种，他以提供平台进行知识产权转让的方式，让科研人员从研究成果中获益最大化。这样既充分肯定了科研人员的研究成果，也壮大了所里的经济实力。思路一活天地宽。新的分配制度改革，让科研人员通过创新名利双收，为水稻所的良性发展打牢了基础。

近10多年来，水稻所在程式华的带领下成绩喜人。有科研人员在世界顶尖杂志《自然》和《科学》上发表了原创论文，实现了中国农业科学院生命科学研究领域“零”的突破；新品种推广面积迅速扩大，超过100万亩的品种超过6个；在“十五”全国农业科研机构综合科研能力评估中，水稻所一举夺魁，时任中共中央政治局常委、书记处书记习近平专门致信程式华，给科研人员们增添了信心和动力。2018年，投资近9 000万元的中国水稻研究所北方研究中心在黑龙江省双鸭山市宝清县揭牌，实现了该所试验基地从南到北的全覆盖。

随着我国国际地位的提高，我国水稻科技界与外界的交流也越来越频繁。自2002年以来，程式华一直担任联合国粮食及农业组织国际水稻委员会和亚洲水稻研究合作委员会中国代表，参与世界及亚洲水稻研究政策的制定和科技措施的应用建议等重大问题的讨论，多次受邀在国际水稻大会上作大会报告和专题报告，宣传我国水稻科技的成就，与多个国家建立了合作关系，对提升我国水稻研究的国际地位作出了重要贡献。

“未来，我们要把杂交水稻推向国际市场，让全世界都吃中国米。”程式华对中国水稻事业充满信心。“近几年，随着科研实力的提升，我们开始积极走出去，已经在巴基斯坦、印度尼西亚等国建立了杂交水稻研究中心，期望把中国的杂交稻技术传播到更多国家。”程式华正带领中国的科研人员，把中国的水稻推向世界，为保障世界的粮食安全作出更大的贡献。

构筑新体系，提升竞争力

2007 年底，农业部、财政部启动了我国现代农业产业体系建设，水稻成为国家首批启动的现代农业产业技术体系建设的10 个试点产业之一。经民主推荐，程式华被农业部委以重任，担任国家水稻产业技术体系首席科学家，组织协调全国水稻产业界的协作，他决意要进行不懈努力，把水稻产业技术体系建设成为创新能力最强、团结协作精神最好、应急服务水平最高的优秀产业技术体系。

万丈高楼平地起。2007年底开始，程式华带领水稻产业技术体系对16个水稻主产省、275个水稻技术用户开展了水稻技术需求调查，涵盖县市级农业行政主管部门、农民专业合作社、种粮大户、种子企业、加工企业、学术团体和科研单位，并进行了整理和分析，深入分析了当时水稻产业面临的重点任务，明确提出了水稻产业技术体系的工作重点，科学制定了水稻产业技术体系发展规划。

10年来，国家水稻产业技术体系不断加强自身建设，架构日臻完善。现建有遗传改良、栽培与土肥、病虫害防控、机械化、产后加工、产业经济6个研究室48个科学家岗位，其中新增了分子育种、品种设计、功能基因组应用、南方稻田重金属污染修复、收获与干燥机械化、秸秆与副产物综合利用、质量安全与营养品质评价等学科岗位。在辽宁、吉林、黑龙江、江苏、安徽、江西等23个省（自治区、直辖市）设立53个综合试验站。目前，水稻产业技术体系已建成了一支由1 300多人组成的队伍，包括岗位专家48人（含两院院士8人）、综合试验站站长53人、团队成员及技术骨干1 199人。水稻产业技术体系已将各自为政、研究方向重叠、研究内容重复的科技创新力量，基本整合成一支分工明确、团结协作、相互支持的科技创新队伍，构建形成了从源头创新到试验示范，再到成果推广的较为完整的产业技术支撑系统。

10年间，水稻产业技术体系硕果累累。共育成并通过国家级和省级品种审定717个。内5优8015、中嘉早17、荣优

225等一系列品种多次被列入农业农村部主导品种；获省部级以上科技奖励83项，其中国家级科技成果奖励15项、省部级68项。制定各类标准166个；授权专利425件；获新品种权428个、软件著作权39个。特别是在东北、西南、华南和长江中下游稻区12个水稻主产省实施农业竞争力提升科技行动，年示范展示新品种+新技术5万余亩，辐射面积550万亩，每公斤加价0.20 ～ 2.0元，实现增产增效、节本增效20亿元，极大地提高了我国水稻产业的竞争力。

“精耕细作，春华秋实”，30多年来，程式华都是这样身体力行的。在一连串的成绩面前，程式华始终保持着谦虚态度。他说，成绩只能代表过去，面对不断增长的粮食需求，选育更多高产、优质、多抗的新品种是水稻人不可推卸的责任。他要做的就是挑起这个重任，一步一步竭尽全力向前走。

许 勇

1965年出生，湖北洪湖人。博士，研究员，博士生导师。现任北京市农林科学院蔬菜研究中心主任、国家西甜瓜产业技术体系首席科学家，兼任中国种子协会副会长、中国蔬菜协会副理事长、中国种子贸易协会副会长。

主要从事蔬菜遗传育种与分子生物学研究。主持“西瓜优异抗病种质创制与京欣系列新品种选育及推广”，2014年获得国家科技进步奖二等奖和北京市科学技术奖一等奖。“西瓜遗传育种创新团队”(第一完成人)获得2016—2017年度神农中华农业科技奖优秀创新团队。主持“优质早熟京欣西瓜与砧木系列新品种的选育和推广”，2010年获得全国农牧渔业丰收奖农业技术推广成果奖一等奖。“设施蔬菜根结线虫病综合治理技术研究与应用”2011年获得北京市科学技术奖二等奖(第四完成人)。入选“万人计划”专家，享受国务院政府特殊津贴专家，获全国优秀科技工作者、国家级新世纪百千万人才、农业部农业科研杰出人才、北京百名科技领军人才等荣誉称号。

顶天立地的"西瓜大王"

——记西甜瓜产业技术体系首席科学家、北京市农林科学院蔬菜研究中心主任　许勇

他是农民眼中真正的"西瓜大王"。农民拉着他说："我家的楼房就是靠种你们的西瓜盖起来的，这个房子就是西瓜房子。"

他是科研人员眼中的领军人物，带领科研团队率先绘制完成了世界上第一张西瓜全基因组序列图谱，成功破译了西瓜遗传"密码"，奠定了我国西瓜基础科研在世界上的领先地位。

他是蔬菜种业界眼中的行业翘楚，领导院办企业完成事企脱钩，建立现代企业制度，推广蔬菜品种500多个，年推广面积1 000万亩，带动农民年增收50亿元，连续多年居我国蔬菜民族种企首位。

他就是2012—2017年度中国种业十大杰出人物、西甜瓜产业技术体系首席科学家、北京市农林科学院蔬菜研究中心

主任许勇。多年来，在他的带领下，我国西瓜产业从基础研究、品种选育到良种产业化实现了“顶天立地”发展，不仅抢占了科研“制高点”，更是将论文写在大地上、成果留在农民家，在引领学科方向、支撑产业发展上作出了重要贡献。

基础研究抢占“制高点”——
率先破译西瓜遗传“密码”，掌握产业发展主动权

1965年，许勇出生于湖北洪湖的一个普通家庭，高考时的第一志愿是北京农业大学（今中国农业大学）。“我虽然不是出身农村，但是立志学农，就是想通过知识改变农民的命运、农村的面貌。”报考遗传育种专业的许勇，从迈入大学的校门起就立志于品种改良工作。

1994年，许勇来到北京市农林科学院蔬菜研究中心，正式开始西瓜遗传育种研究。

说起西瓜，人们都很熟悉它甘甜的味道。可是很少有人知道，原产于非洲的西瓜原本是坚硬苦涩的。也很少有人知道，在西瓜变得越来越甜时，却更容易生病。如何让西瓜在变得甜美多汁的同时，还更加抗病、抗裂，是育种家不断追求的目标。

谁能最先实现这个目标，谁就能掌握西瓜产业的主动权。

“当时只有常规育种手段，从杂交、提纯、改良，到获得一个好的品种，往往需要6～8年的时间，而且常常还要靠运气。因为这个育种相当于百万分之一到十万分之一的概率事件，也就是说，你要选育一个品种，要有10万棵单株，

你才可能拿到一个好的材料。”许勇回忆道。

如何把育种效率提高1 000倍以上？许勇想到了借助新一代测序技术来破解西瓜的基因密码。

2009年，由北京市农林科学院蔬菜研究中心牵头组织发起的国际西瓜基因组计划正式启动，科研工作者通过采用“全基因组鸟枪法”测序策略，进行双末端测序，得到了总量约为46G的基因序列数据，由此获得了高质量的西瓜基因组序列。

“掌握了基因组序列图谱，就好比有了矿产分布图，今后只要按图索骥就可以‘采矿’了，大大提高了育种效率，减少了无效劳动。原来没有这个图谱，育种就像盲人摸象，要靠大量的田间试验观察，费时费力。”许勇说道。

正因为如此，这张图谱也被国际同行公认为是西瓜基础研究领域的里程碑式成果。有了这张图谱，就意味着西瓜的大小、颜色、甜度等形状都在掌握之中了。

拿到“藏宝图”并不是许勇的最终目的，接下来，他要将其转化为自己手中强大的技术武器，创造出新产品。“我们很快找到了枯萎病、白粉病、炭疽病等多个抗病性基因，以及果实含糖量、大小形状等品质的基因标记。”许勇说，“今后育种就可以‘照方抓药’，定向、精准地转育这些性状基因，能够更加容易培育出集各种优良性状于一身的超级西瓜。”

于是，一种能够像苹果一样削皮来吃的小

型“苹果西瓜”在许勇手里诞生了。“西瓜这么小，规模化种植的产量又该如何保证？”传统上，每一株西瓜秧只能结出一个西瓜果实。若不能提高单株的结果数，恐怕没有瓜农愿意种植这种个头小巧的西瓜，也很难让消费者花高价为此买单。

正是在西瓜全基因组图谱这幅“藏宝图”里，许勇找到了破解难题的“金钥匙”——雌性系基因。通过向小西瓜中定向、迅速转育这个基因，一棵秧苗上便能结出四五个西瓜果实，最多达到14个，可以作为“苹果西瓜”来销售，市民与瓜农均会受益。

可以想象，“苹果西瓜”将为观光采摘农业带来一抹亮色。

品种选育当好“调酒师”——永远跟着市场走，跟着瓜农的需求走

对于北方地区的瓜农来说，京欣系列西瓜可以说是无人不知。

20世纪80年代，由北京市农林科学院蔬菜研究中心选育的京欣1号，以其优良的综合性状风靡全国，成为我国西瓜早熟育种里程碑的品种。然而，90年代，京欣1号因耐储运性和抗病性差等原因，逐渐不能满足市场需要。西瓜产业要持续发展，急需进行品种的更新换代。

彼时许勇刚接手蔬菜研究中心西瓜育种课题组，下决心要提高西瓜的品种质量。自1994年起，许勇率领课题组重点致力于保护地早熟西瓜品种选育，同时也开展其他类型的西

瓜品种以及优良西瓜砧木品种的选育工作，20多年来不断推陈出新，为我国西瓜产业选育出一大批优良品种。

“如今，人们甚至对西瓜的形状、颜色和口味也都提出了不同的要求。而西瓜基因组测序的完成，为我们打开了西瓜生长发育的‘黑匣子’，为下一步进行西瓜分子标记育种奠定了基础，就像‘调酒师’有了好的配方一样。今后，我们的品种选育工作一定会更有效，选育的品种会更加满足多样化的需求，把优良的性状都融合在一个品种身上，调出最美的味道。”谈到多年来的西瓜育种工作，许勇这样比喻道。

正是经过无数次筛选，京欣2～4号系列抗病、高甜、高产西瓜育成了，一时间占领北方市场，京欣系列西瓜全国占有率达到30%，在华北、华东设施西瓜主产区占有率超过60%，该项成果获得2014年北京市科学技术一等奖、2014年国家科技进步奖二等奖，有力推动了北方保护地西瓜品种的更新换代。

“京欣系列的成功，一个核心就是紧紧抓住科技创新，在技术和材料上领先于人，不断培育出新品种；另一个就是瞄准市场需求，要求育种家深入产业实践，最早抓到产业的需求，迅速结合我们在技术和材料上的优势，快速转化成产品，把产品迅速变成推广面积，变成品牌效益。这样才能实现全产业链的创新，形成良性的循环。仅仅有好的技术和材料，如果不与产品和市场结合，最终也不能转化为生产力。”许勇总结道。

许勇及其团队紧跟市场，快速推出品种创新的案例还有许多。

2012年，为满足西瓜不断向优势产区聚集、对长距离运输的要求，许勇推出了华欣系列，一年推广面积达到50万亩。与京欣系列相比，在保持早熟性的基础上，丰产性、抗病性、耐储运大幅度提高。

近年来，随着我国冬季西瓜生产逐渐向缅甸、老挝等东南亚国家转移，京美系列应运而生。京美的最大优点是皮色鲜绿、肉质紧密、糖度高、高度耐储运。2016年一经推出，2017年就实现单一品种销售额破千万，为西瓜生产地的转移提供了品种保障，满足了人们冬季吃瓜需求。

“对于育种家来说，最好的创新成果就是品种。而考量品种好坏的标准，不仅仅是上级部门的审定，更多要让市场和农民来说话。”许勇说道，“我们要永远跟着市场走，跟着瓜农的需求走。未来不断朝着简约化、节本增效、轻简化栽培的育种方向发展，同时也把高品质、特色化作为品种选育目标，不断满足市场更加多样化的需求。”

良种产业化争当“排头兵”——
加速科研成果转化，在行业与市场独占鳌头

“科技成果的转化是科研创新不可分割的一部分。农业作为应用型学科，其科技创新的成效，必须要以产业链作为支撑，以能否转化到市场上创造效益作为重要标准。”许勇这样说的，也是这样做的。

近20年来，北京市农林科学院蔬菜研究中心一直把科技成果转化作为评价科研人员的重要指标，形成了重视科技成果转化的科研氛围。

早在改革开放之初，北京市农林科学院蔬菜研究中心就率先创办了良种开发企业，2015年按照农业部的要求，实现事企脱钩，完成了股份制改造，建立现代企业制度，正式成立京研种业公司。

据了解，事企脱钩和股份制改造真正让企业成为创新主体，也极大激发了育种家的创新动力。既保证了育种家在品种创收方面的收入，也体现了股份收益，把育种家和企业的命运紧密联系在了一起，避免了科研、生产“两张皮”。

在位于北京通州国际种业科技园区的400多亩示范基地中，展示了包括京研自身360个品种以及来自全国各地蔬菜新品种2 600多个。在室内展厅里安放着2台电子查询平台，经销商只要按图索骥就可以找到心仪品种的各项指标和栽培位置，有些类似于图书馆里的图书查询机。

京研在全国拥有1 000多亩品种试验示范基地，7个主要基地分布在山东寿光、河北张家口、海南三亚等区域，而在不同生态区以及各类蔬菜主栽区设有良种产业示范基地。

“如果仅仅局限于北京，是不可能搞全国研发的，必须有一个全国布局。”许勇说，“我们考虑了不同生态区域，考虑了南繁育种加代需要，不仅仅是品种展示，还可以更好地了解那个地区的蔬菜产业，菜农、经销商都有什么需求，不同地区饮食习惯也会直接影响品种选择，而且还可以从当地发掘到更好的种质资源或最新材料用于新品种研发。”

“这些基地不仅搞品种示范，我们的育种家常年去产业基地里转悠，潜移默化地吸取到产业需求的精髓，吸取到市场对我们产品的评价，及时修订育种方向。”许勇说，10多年来，育种家们已经养成了习惯，品种出来之后，他知道怎么听取销售商的意见，怎么听取农民的意见，怎么去不断地修改育种方向。

育种家有了捕捉市场、与市场紧密结合的能力，蔬菜研究中心在科研领域斩获硕果的同时，也赢得了行业的敬重和市场的青睐。

目前，京研种业在全国示范推广白菜、油菜、西瓜、西葫芦、南瓜、甜(辣)椒等品种500多个，年营业额超过1亿元，年推广面积1 000万亩，农民年增收50亿元。其中，大白菜、小白菜品种在北方秋白菜市场占有率超过80%，京欣、华欣与京美系列西瓜品种在华北及华东保护地主产区占有率超过60%，京葫36打破了跨国公司在冬季温室西葫芦品种上的垄断，甜杂、京甜系列辣椒成为“南菜北运”的主栽品种。京研种业成为中国销售额最大的蔬菜种企，被评为中国蔬菜骨干企业第一名、北京市十佳信用种子企业唯一蔬菜种企。

作为行业的排头兵，京研种业还为更多中小企业提供分子育种服务。据了解，许多西瓜育种企业利用他们开发的分子标记核心引物开展西瓜的真实性和纯度鉴定，取得了很好效果，多个育种单位还采用了抗枯萎病、白粉病的分子标记开展分子育种，带动我国蔬菜种业中小企业创新能力的提升。

做好质量控制“硬功夫”——建立管理云平台，实现全程精细化管理

作为育种家来说，选育出好品种是许勇的本分；而作为

企业的掌舵人，如何实现产品的高效创新和销售更是他义不容辞的责任。

一方面，为保障高效育种，京研建立了育种信息化管理云平台，全面实现了不同蔬菜作物从资源鉴定、材料分离、组合配制与区试品比等流程的信息化管理，能有效实现材料的基本特征与照片的信息化跟踪以及数据化收集分析。

另一方面，为加强种子销售管理，还建立了从“订单－加工－检疫－出库－物流－确认收货－田间反馈”全程销售管理云平台。健全种子出入库可追溯系统，物种、品种编号、批次编号，甚至详细地登记到该批次种子所在的货位、库存数量、种子状态、种子质量。

“蔬菜种子企业销售额只有五六百万的时候，不需要这个信息系统，就靠人记一笔账就完了。等销售额达到四五千万的时候，没有这一套信息系统，自己就会把自己搞乱了。”许勇说，“蔬菜种业最大的一个问题是‘不怕跑得慢，就怕出问题’。一出问题，这一个品种、这一个作物销售额就马上下来了，这是一个最大的隐患。我们蔬菜有好几百个品种，不说别的，自己把自己都可能装错了，同样一个品种，在不同的地区、不同的茬口，投放错了，都有可能造成企业和农民的双方损失。”

“质量控制系统做好，是蔬菜种业企业的硬功夫。”许勇说，这两套系统则可以实现从“育种到制种”“良种到田间”的全程信息化、标准化、精确化管理。

目前，京研种业主要通过第三方平台或经销商在平台开展网络销售，销售品种以特色品种为主，小包装种子在爱种网和京东上有售，还处于初期的探索性、尝试性阶段。

“种业电商是一个很好的销售渠道，也将随着我国信息化的进程、相关技术的提升，成为发展趋势。相比传统销售，网络销售具有信息传播快、可选择范围宽、购买手续简便等特点，减少了生产者与需求者的中间环节。”许勇说，但是平台上销售种子，只看到了种子，无法感知种子的生长与产品孵化，售后技术跟踪、质量保障难以做到，而传统销售，销售一个品种往往要经过试种、指导、再推广，有业务人员跟进，这是种子销售的一个特点。种业电商要很好地解决这个问题，做到线上与线下的结合，才能逐步做大做强。

为此，京研正在建立京研微信商城，希望通过微信商城来解决蔬菜种类多、品种多、信息繁杂的难题，并以种植大户带动小农户的方式来扩大客户资源。

展望未来，许勇豪情满怀，“中国是世界西瓜生产第一大国，是世界蔬菜种业的竞争舞台。我们有义务和责任让西瓜科研走在世界前列，为我国蔬菜种业崛起作出更大贡献！”

王义波

1956年出生，河南柘城人。北京联创种业董事长，袁隆平农业高科技股份有限公司（以下简称隆平高科）董事、玉米首席育种家。

2001年辞职创建联创种业，成为农业部首批“育繁推”一体化企业、中国种业骨干企业，于2014年1月在“新三板”挂牌，2018年与隆平高科并购重组。

主持育成审定玉米新品种37个，其中通过国家审定17个；申报植物新品种保护87项，获植物新品种权49项。在黄淮海连续5年严重干旱、锈病暴发、持续35℃以上高温等自然灾害，裕丰303耐旱抗病耐密抗倒耐高温广适，通过东华北、黄淮海、西北三大主产区国家审定；中科玉505耐旱抗病抗倒耐密耐高温广适，已通过东华北、黄淮海国家审定；联创808通过四大主产区和东北中熟国家审定。2011—2018年新品种累计种植约8 380万亩，按亩增收48元计算，增加经济效益和社会效益40亿元。

联创种业独创“多渠道多品种独立并行协同发展”的种业市场运营模式，经销商由600家增加到1 800余家，销售量连续4年成倍增长。2016年实现销售收入3.81亿元，增长126%；净利润5 200万元，增长298%。2017年销售种子1 500万亩，增长25%；销售收入4.14亿元，增长9.5%；净利润1.22亿元，增长235%。

享受国务院政府特殊津贴、河南省优秀专家、全国农业科技先进工作者。1997年、2001年第一完成人分别获国家科技进步奖二、三等奖各1项；2014年第一完成人获北京市科学技术奖二等奖；2015年第一完成人获大北农科技成果奖一等奖；2014年获科学技术部创业创新人才。2017年获中国种子协会“2012—2017年度中国种业十大杰出人物”称号，并被评为科学中国人2017年度人物特别奖“科技型企业家奖”。

为民族种业做点事儿

——记北京联创种业股份有限公司董事长、袁隆平农业高科技股份有限公司董事　王义波

在河南省农业科学院，他主持完成国家和省级科技成果6项，代表性玉米品种郑单14推广面积超1.1亿亩；辞职进入市场打拼，他又凭借中科4号和中科11号让公司连续多年稳坐玉米品种头几把交椅；面对一代品种突然间的滑坡，他却更加坚定创新信念，最终依靠品种的更新换代和独特的营销模式，拿下了黄淮海玉米10%的市场份额，带领公司从逆境强势上扬。

他就是北京联创种业股份有限公司董事长兼首席育种家王义波。与大多数人的选择不同，王义波在别人开始为退休打算的年纪毅然辞职创业，又在公司业绩连年下滑、艰难维持生计时仍然持续投入高额科研经费，进而实现了“用自主创新品种赢得市场话语权”的创业初衷。

不论身处的环境如何改变，不变的始终是他那句话：

“就是想为民族种业做点事儿。”

年近五旬却主动辞职到市场上搏一把

2000年前后，对于中国种业和王义波个人来说，都可谓是巨变的阶段。1999年，《植物新品种保护条例》颁布实施；2000年，中国第一部《种子法》正式出台；2001年，中国加入WTO。

这一系列事件，让当时还在河南省农业科学院工作的王义波预感到了即将发生的重大变化：“当时我就感觉，中国种业的市场化时代将要到来了。”

彼时的中国种业，企业的存在感还很弱，市场格局尚处于“国有公司一统天下”的状态，品种竞争力远远达不到今天的水平。市场化大门的打开，意味着更加残酷、激烈的竞争必将很快展开。

而彼时的王义波，已经当上河南省农业科学院粮食作物研究所的副所长、研究员，更是享受国务院政府特殊津贴、河南省省管优秀专家，获得了许多荣誉。

如果从当时的状态去分析，这场竞争无论结果如何，似乎都与在体制内的王义波没有太大关系。然而，2001年，王义波却作出了一个惊人的决定——辞职创办企业，主动参与竞争！

的确，在科研单位已经从事玉米育种近20年的他，手握郑单14这个强势品种，还在省级以上期刊发表论文40多篇，并以第一完成人身份获得2项国家科技进步奖。按照科研单位的评价体系，他获得更高的职位和荣誉是迟早的事。

不愿“享清福”反而还“涌入洪流”，这在外人眼中有些看不懂，但王义波心里其实早有定数：“我搞育种的出发点很简单，就是想为民族种业做点事儿，为提升中国种业竞争力贡献力量。”

在王义波看来，市场占有率才是品种真正的“证书”。他还创作了一首颇有激情的诗句：“抑不住，涌炽潮澎湃，青春血。集众智，筑民族长城，大种业！”

于是，他下定决心，要到市场上搏一把。然而谁又能想到，这个流淌着“青春种业血”的王义波，当时已经45岁了。4年后，他的北京中科华泰科技有限公司并入北京联创种业股份有限公司。年近50岁的王义波，从此又迈向了一段未知的人生路程。

提早布局研发让企业触底反弹

离开了体制这个“温床”，王义波面临的竞争压力更加直接。证书不再起作用，品种是否掌握话语权成为决定他的企业能否在市场上生存的关键因素。

因此，王义波所做的首要工作就是尽快拿出属于联创种业自己的主导品种。在王义波的带领下，联创种业很快便推出了广受欢迎的第一代品种。其中，中科4号通过5个以上的省级审定，中科11号更是连续多年被农业部确定为全国玉米主导品种之一。

成果得到了市场认可，王义波的创业初衷似乎实现了。但是，市场没有留给王义波丝毫喘息的机会。2012—2014年，曾经引以为傲的品种销量却突然间连续3年以30%的幅度下滑，联创种业一下子跌到了谷底。

与其他产品不同的是，受制于育种周期和试验示范等诸多的时间限制，品种更新换代一般需要8 ~ 10年。如果不提早储备，品种一旦“失宠”，企业就几乎没有维持下去的可能，更不要提翻身了。

“其实，我早就预料到老品种会出现滑坡，只是没想到会来得这么早、这么快。”即便已经有了思想准备，突如其来的低谷还是让王义波有些措手不及。然而这个时候，他却又作出了一个“反常决定”：加大科研投入。

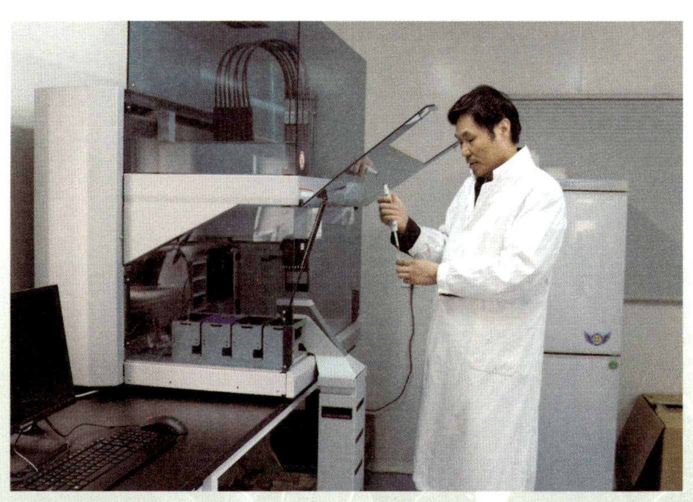

“联创种业在2014年的科研投入达到了1 400万元，占销售收入的比例超过了20%。”王义波告诉记者。要知道，即便是在种子企业整体实力已经显著增强的2016年，全国前50强种企科研与销售收入的平均占比也仅超过7%，更何况当时联创种业还亏损了900万元。

“其实，企业经营业绩越是不好，反而是越需要增加投资的时候。”王义波认为。在外人眼中，这似乎是王义波的孤注一掷。但外人看不到的是，他早在6年前便开始为品种换代进行了准备。

2008年，联创第一代品种发展正盛，而在东北市场，来自美国的先玉335却几乎拿下了半壁江山，这让心里始终装着民族种业的王义波坐不住了。“虽然东北跟黄淮海是两个生态区，但新一轮品种换代的趋势已经显现。”王义波意识到，必须未雨绸缪。

他开始着手组织材料，在“外来的和尚”身上寻找突破口。“我们从上百份材料里精挑细选，反复与美国近代材料进行改良性试验，希望能将它丰产潜力大、脱水快、商品品质好、制种产量高等多方面优势与我们自有材料适应性好、耐密性好、抗病性强、耐高温热害等强项结合起来。”王义波把他所采取的这种科研模式概括为“选择性创新，叠加式超越”。

于是，在当时大多数人都“抱着一个品种闯天下”的时候，王义波却又悄悄穿上了白大褂，整天泡在育种田里搞起了科研。

于是，低谷仅仅过去了一年，随着第二代品种投放市场，联创种业马上扭亏为盈：2016年，利润达到6 000多万元；2017年，这个数字更是超过了1.2亿元，基本实现了连续3年业绩翻三番的壮举。

敞开大胸怀拥抱大种业

联创种业有个奇怪的现象，一个品种一个“姓”。的确，3个第二代品种联创808、裕丰303和中科玉505，从名称上怎么看都不像是一家企业的产品。

其实，这正是王义波渠道创新思路的直观体现。“卖什么品种固然重要，但怎么卖品种同样重要，卖法不好，品种再优良也难以有效打开市场。”王义波对记者说。而这个“怎么卖”，恰恰是被很多人忽略的环节——渠道。

王义波采取的创新做法是在审定时就给不同品种冠以不同的前缀名称和番号。同时，将原有的经销商网络直接拓展成多个渠道，每个渠道只限期提供一个强势品种。

“如果哪个经销商没有按照管理办法经营，我们会给他开罚单，这样的罚单一年要开出上百张；同样，如果经销商能把品种快速做大，我们也有‘承诺销售’的政策，今年承诺明年的销售数量，可以提前使用下一年超额奖励的钱来提今年的货，如此一来，大大提高了他们的积极性。”王义波制定了一系列制度来把联创种业的各个渠道经营好。

在王义波的运筹下，联创种业“多品牌、多品种、多渠道运作”的模式已经确立，成效更是十分显著。“事实上，只论单品还没有绝对优势，但把3个品种加起来，我们在黄淮海的占有率就达到了10%。”王义波说。

尽管这个新的多渠道营销模式看似只是为了提高公司业绩，但王义波的胸怀可不仅限于此，他更希望农民从创新中受益。“手里只有一个强势品种，经销商就更需要通过品种展示、病虫害防治、提供种管收全程优质服务来获得农民的认可。”王义波致力于通过渠道建设，引导经销商向“经销+服务商”转型。

更大的胸怀还在后面。近日又传出了最新消息，隆平高科将收购联创种业90%的股权。交易完成后，联创种业将成为隆平高科的控股子公司。大多数种业人都想“大权在握”，王义波却把联创种业“拱手相让”，这又让外人有些看不懂。

“‘小散乱’严重阻碍着中国种业的发展，如果大家都死守自己的一亩三分地，就无法参与到全球种业的竞争中去。”这是王义波给出的坚定回答。王义波希望通过强强联合，从总体上进一步增强联创种业的市场竞争力。

“其实，我跟千千万万种业人一样，无非就是希望我们的民族种业能够发展得更好，让自主品种牢牢掌握市场话语权。”这是王义波的初心。他是这么说的，更是这么做的。

杨远柱

1962年出生，湖南沅陵人。研究员，著名水稻育种专家，现任隆平高科副总裁、首席育种家，湖南隆平高科种业科学研究院院长。1981年大学毕业后，开始他的水稻育种生涯，如今已整整37年，先后主持或参与国家、省、市等研发项目30余项，培育出通过省级以上审定的杂交水稻新品种274个（367次），其中国家审定110个（139次），省级审定的水稻不育系16个，农业部认定的超级稻9个，被作为省级以上区试对照品种6个，累计推广面积5亿多亩，增产稻谷150多亿公斤，为农民增收超过300亿元。他育成的湘早籼7号是湖南省20世纪90年代种植面积最大的常规早稻品种，累计推广面积过亿亩。培育的株1S是国内外育性转换起点温度最低、育性最稳定的温敏核不育系，解决了两系制种的育性安全问题。培育的矮秆抗倒不育系湘陵628S，解决了水稻规模化、轻简化、机械化种植的倒伏问题。在两系杂交早稻方面一直处于国内领先水平，所配组合占长江流域两系早稻的70%以上，为发展长江流域早稻生产作出突出贡献。2014年培育出突破性中稻不育系隆科638S和晶4155S，短短4年时间，培育出74个优质、抗病、高产的隆两优、晶两优系列中稻品种通过各级审定，其中国家审定46个，使隆平高科杂交中稻育种水平迅速跃居国内领先水平。

1999年，杨远柱辞掉公职到企业从事商业化育种，在国内率先建成以企业为主体、以市场为导向的商业化育种体系。在国内外建立了9个育种站和3 500亩水稻育种基地，建有先进的生物技术实验室；建成拥有先进仪器设备、配备充足专业研发人员生物技术实验室3 000平方米，现代生物技术已渗透到育种的每一个环节；建有完善的耐生物逆境、耐非生物逆境、重金属镉积累、不育系育性等表型鉴定平台和完善的品种测试体系，做到科学、准确、高效的评价育种材料和品种。全力推进育种研发机械化、智能化、信息化，显著提高了育种效率。

在企业的19年，共培育出通过省级以上审定的杂交水稻新品种270个（361次），获植物新品种权50项、发明专利2项。2007年开始，杨远柱带领团队由“单一高产”转向“绿色安全，优质高效”为主攻方向，育成了绿色优质、安全高效、高产广适的新品种隆两优华占、晶两优华占等为代表的隆两优和晶两优系列品种，2017—2018年两个销售年度销售量突破3 580万公斤，年推广面积超过3 000万亩，年增产稻谷12亿公斤。2017年度，隆平高科水稻销售收入近20亿元，占到全国杂交水稻市值的1/3，并加速隆平高科产业的快速发展，2018年隆平高科已进入世界种业八强。同时，绿色安全、优质高效新品种的育成与推广，对推动农业供给侧结构性改革、保障国家粮食安全作出突出贡献。

杨远柱研究员取得的科研成绩也得到了党和政府的肯定，先后荣获国家科技进步奖三等奖1次（排名第二）、湖南省科技进步奖一等奖1次（排名第一）、中华农业科技奖二等奖1次（排名第一）、湖南省科技进步奖二等奖5次（1次排名第一，3次排名第二，1次排名第五）；享受国务院政府特殊津贴、国家级中青年有突出贡献科技专家、全国五一劳动奖章、全国劳动模范、全国优秀科技工作者，以及大北农农业科技奖、袁隆平农业科技奖、中国河姆渡稻作科技奖、全球水稻年度育种之星、2012—2017年度中国种业十大杰出人物等。在全国各类杂志公开发表论文100余篇，其中*Science*、*Natural Communication*、*Molecular Plant*、*Plant cell*各1篇。

商业化育种体系的坚定探索者

——记袁隆平农业高科技股份有限公司副总裁　杨远柱

在市级农业科学研究所工作时，他培育出国内迄今为止不育起点温度最低的两用核不育系株1S，收获满满荣誉；辞职进入亚华种业，他牵头创办了国内第一个由企业建设的种业科学院，从零开始重新培养科研团队；并入隆平高科后，他开始探索商业化育种体系建设，为隆平高科迈入世界种业十强打下了扎实的科研根基。

他就是袁隆平农业高科技股份有限公司副总裁、隆平高科种业科学研究院院长杨远柱。对于杨远柱所做的工作，很难单一地用水稻育种家或是企业管理者来概括，但他自己有一条坚持不变的原则：瞄准市场搞科研。

为了乡亲搞科研，从所长位置上“主动下岗”

杨远柱科研生涯的转折点发生在1999年。

这一年，已经担任了湖南省株洲市农业科学研究所常务副所长的他毅然辞职，把自己和爱人的档案从事业单位拿出，加入到刚刚成立不久的湖南亚华种业股份有限公司，变身成为企业研发人员。

“别看现在有这么多科研人员到企业从事研发工作，我辞职的那个时候，还是引起了不小的轰动，我也被戏称为‘长沙市第一个下岗的研究员’。”杨远柱向记者打趣道。

的确，当时年仅35岁的杨远柱，不仅享受着国务院政府特殊津贴，还是国家级有突出贡献的中青年专家、“全国五一劳动奖章”获得者，再加上事业单位负责人的职位，他的辞职在外人看来似乎有些不可思议。

但是，杨远柱心里明白，只有到企业去，才能实现他从小以来的心愿。

杨远柱出生在湖南沅陵的一个贫穷农村，读书的时候，由于连年的干旱和当地品种选择上的失误，水稻产量很低，一周能吃上3天米饭就已经很不错了。“当时我就立志，要学农，要让乡亲们每天都有饱饭吃。”杨远柱说。

怀着这样一份初心，1978年，杨远柱以超过本科线50分的成绩考入湖南农学院（今湖南农业大学）农学专业。也许正是看重了杨远柱的执着，大学还没有毕业的他，便被实习单位——湖南省怀化市农业科学研究所提走了档案，开始了育种生涯。

从“没毕业就有工作”到“主动下岗的研究员”，两次大跨度的身份转换，恰恰反映的是杨远柱对待科研的坚定态度。

不过，毕竟科研院所的研究条件摆在那里，福利待遇也有保障。如果仅仅是为了搞科研，还不足以诠释杨远柱辞职的“大胆决定”。“实际上，真正让我下决心辞职的原因，是企业具有‘品种市场化前沿阵地’的特点。”杨远柱表示。

杨远柱给记者做了简单的对比：在科研院所，尽管“衣食无忧”，但搞的研究往往不够接地气，有时候甚至是为了评职称、发论文而去选育品种；在企业，尽管有可能“朝不保夕”，但能够直面市场需求，对症下药推出市场急需的品种，更能够符合他“为了乡亲搞科研”的初心。

迎难而上直面市场挑战，本已“风生水起”却又被“打回原点”

刚迈入市场，杨远柱面临的第一个困难却来自于硬件。企业刚刚成立，资金和条件还只是承诺，真正拿到手的钱甚至还不如辞职前多。

“企业面临经济压力，就更应该把科研与推广融为一体，市场需要什么就研发什么，让科研成果尽快地得到转化。”在杨远柱看来，缺少资金却正是检验科研市场属性的一个机会。

其实，这已经不是杨远柱第一次“钱包紧张”了。早在怀化市农业科学研究所工作期间，由于单位的科研经费得不到保障，杨远柱便带领他的团队创办了一个种子公司，一边做研究一边当老板，自己产业化自己选育的品种。

“当时我们研发出的早中熟早稻品种湘早籼7号，由于同时抓生产与市场，20世纪90年代初的推广面积就超过了840万亩，现在来看都是一个不小的数字。”杨远柱介绍。这段难得的“实习”经历，让杨远柱更加坚定了科研市场化的决心。

因此，即便只能把实验室建在租来的农房里，即便面对着来自高校优越职位的“诱惑”，杨远柱仍然不为所动，硬是把亚华种业自己的科学院一点点地建设了起来。

由企业创办科学研究院，这在当时的业内还尚属首次。然而，更大的困难接踵而至：2004年，由于股东单位资金链断裂，公司的科研经费即将断炊。

杨远柱再次选择迎难而上，他拿出所有积蓄，与骨干员工一同出资，把科学院的科研队伍和粮油分公司的经营队伍揉到一起，成立了湖南亚华种子有限公司，继续产业化探索。

而也正是这种逆境下的坚持，给了杨远柱在科研方向上进行转型的勇气。2007年，亚华种业整体并入实力更为雄厚的隆平高科，科学院也得以保留。本以为从此可以“衣食无忧”的杨远柱，却又面临了一个大问题。

“以前我一直搞早稻研究，出的成果不少，别人都叫我

‘杨早稻’。”杨远柱回忆。然而，挂满证书的“杨早稻”刚到隆平高科时却有点儿“不受待见”。

“早稻面积当时已经呈下降趋势，再加上早稻种子价格低，利润率低，农民不爱种，企业也不爱卖，被‘抛弃’实属现实。”一直坚持着科研市场化的杨远柱，到头来却被市场活生生来了个“下马威”。

杨远柱意识到，转型已成为必然。因此，2011年前后，已经进入隆平高科高管层，一个中稻品种都还没有的杨远柱，跟公司签下了责任状：5年出10个中稻品种。搞了大半辈子早稻育种的杨远柱，一下子又回到了起点。

工厂化模式理顺科研机制，30年坚持终换来商业化育种体系

面临转型压力的杨远柱意识到，要想让科研真正与市场对接，就必须对科研体制进行改革。

杨远柱把科学院按照育种流程划分成独立部门，每个部门只负责一个固定环节，同时实现信息与资源的高度共享。如此一来，隆平高科的科研模式不再是业内过去普遍的一个育种家带领几个人包揽全过程的“作坊式育种”，而是变成了“工厂化分段式”的专业高效育种。

创新了运行机制，杨远柱又充分利用隆平高科持续不断的高额研发投入，为不同环节均配备了高科技保障：生物技术实验室的分子标记开发、分子辅助育种、全基因组背景选择等多种功能单元让研究变得更高效；稻瘟病、高/低温等生物和非生物逆境鉴定平台，水稻重金属镉积累特性鉴定平台，温敏核不育系冷水鉴定平台等贴近田间自然状态的表型鉴定系统又使得品种性状准确性大大提高；以10个水稻育种站、200余个品种测试点、总计超过7 000亩的试验基地为基础建立的品种区域适应性筛选与测试体系更为推广上了层层保险。

人和物有了，商业化育种体系的框架便搭建起来了，此时杨远柱又将目光聚焦回了市场：他对科研团队的要求是瞄准未来5 ～ 8年的需求选育品种。“从市场一线寻找研究方向，提前谋划，这也是商业化育种区别于传统育种的核心之一。”杨远柱表示。

商业化育种体系建设带来的效果显而易见：隆平高科自有知识产权水稻品种在销售中的比例由3年前的30%大幅跃升到现在的80%；2017年，隆平高科通过国审的水稻品种数量达到61个，占同期国审水稻品种总数的34.27%；在最新的种子销售季，以优质高产、绿色稳产的隆两优、晶两优系列中稻品种为代表的隆平水稻取得了3 000万公斤销量，成果深受市场认可。

“我给自己定的目标是‘培育优良品种、富裕亿万农民’，不论在哪里搞科研，这都是我一生的坚持与责任。”杨远柱表示。

徐福春

1963年出生，辽宁辽中人，1983—1987年在辽中县职业高中任教。1991年，徐福春任沈阳农业大学实验场种子公司经理。1992年，辽宁省农业厅牵头开办辽宁东亚种子种苗公司。1993年，徐福春担任辽宁东亚种子种苗沈阳分公司经理，1994年更名为辽宁东亚玉米种子公司，2000年国企改制，更名为辽宁东亚种业有限公司，徐福春任董事长、总经理。现徐福春担任公司董事长，并兼任中国种子协会副会长、中国农业大学农学院发展咨询委员会委员。

涉足种业近30年，徐福春凭借自己坚韧不发、诚实守信的创业精神，带领员工在市场中打拼，把一个只有2名员工的县级门市部发展成为资产约15亿元、销售收入近10亿元、职工近千人的国家级农业产业化重点龙头企业。享受国务院政府特殊津贴，人大代表，先后获得2012—2017年度中国种业十大杰出人物、沈阳市劳动模范、先进种子工作者、南繁先进工作者等荣誉。

民营种企的领军“福将”

——记辽宁东亚种业有限公司董事长徐福春

20世纪90年代初，一家位于辽宁省沈阳市东部郊区的县级种子门市部，员工只有2人，固定资产不足5万元，业务仅是批发国有种子公司种子进行零售。然而，经过28年的稳步发展，当年的“路边小店”已经成为资产总额达15亿元，年销售收入超过10亿元，员工近千人，集育种、研发、生产、销售于一体的现代化大型种业集团——辽宁东亚种业有限公司。

自育玉米新品种累计推广面积达32 000多万亩，累计增产粮食96亿公斤，累计获得社会效益和经济效益超过90亿元；水稻、高粱、大豆、蔬菜等累计推广面积达1 000万亩，累计获得经济效益超过3亿元……连续5届入选中国种业十强的辽宁东亚，作为一家民营种企与隆平高科、北大荒垦丰、中种集团等龙头种企并驾齐驱，公司创始人徐福春也已成为民营种企领军人物的代表。

28年间，一粒种子早已成长为参天大树。徐福春依然像当年一样全心全意地为沈阳城郊的农民服务着，同时也尽心尽力地为全国数亿农民提供着质优价廉的种子。

从教书育人，到创业开店——种子的良好表现离不开长期积累的科技研发

1983年，学农3年的徐福春参加工作，在辽中县职业高中任教，由于所教课程就是他热爱且熟悉的农学，他很快就适应了从学生到老师的转变。当时的4年间，试验田间的田埂路上，总能看到徐福春和学生们的身影，引种、试种、育苗、繁种……1985年春季，他带领学生繁育的稻苗，由于品质好、产量高，早早便被周边稻农抢购一空。同年9月10日，全国首个教师节上，徐福春就被评选为省级优秀教师。

1988年，由于在校期间业务出众，同时组织上考虑到徐福春的夫妻异地分居问题，他被调入沈阳农业大学实验场作技术员。到了20世纪90年代初，学校看到徐福春能吃苦、业务精，同时了解到他在职高工作期间取得省级优秀教师等多项荣誉，就找到他谈话，希望徐福春能响应改革政策的号召，扛起担子“出去”承包经营。“这确实是人生中的重大转变。”徐福春回忆时说，“当听到经营企业就要自负盈亏，就连开工资甚至交养老保险都得靠自己赚钱时，也确实感到措手不及。”

一间半门市房，除了自己只有员工2人，没有一分流动资金，为了8万元的银行贷款，徐福春整整跑了半年银行；没钱进货经营，他就从沈阳市种子公司赊来5 000斤玉米种

子进行零售，每卖出去一点儿，就急着坐公交把钱还给人家……创业之初，历尽艰辛。

邓小平南方谈话之后，辽宁省农业厅在1992年牵头开办了辽宁东亚种子种苗公司，徐福春所在的门市部成为分公司之一，1994年根据市场需要，更名为辽宁东亚玉米种子公司。就在此时，成为种业“正规军”的东亚，也仅仅只有七八个人和一间半门市房而已。在徐福春的带领下，东亚从两杂种子起步，渐渐扩大制种面积，逐步扩大销售市场。“在学校的时候我就明白，育种研发永远是第一位的，所以早在公司成立之初，我就设置了研发部门，而且从未间断。”徐福春明白，搞种业和教学生是一样，学生的成绩离不开老师深厚的专业积累，而种子的良好表现更离不开长期积累的科技研发。

以诚待人，以德兴业——每个承诺都要像种子一样生根发芽

在20世纪90年代，我国每个县都设有一家国有种子公司，并实行垄断封闭式管理，不允许农民到外地买种子，更不允许乡镇农业技术推广站和种子站采购外地种子公司的种子，包括东亚在内的众多种子公司都是在夹缝中艰难求生。

2000年随着《中华人民共和国种子法》（以下简称《种子法》）的颁布实施，中国种业计划经济运营体制下各地区市场相对封闭、国有公司独大的局面被打破了，企业的经营权瓶颈得以突破。大量的种子公司在全国各地涌现，东亚种业也抓住了发展契机，最早跨省在甘肃兴建了种子加工厂和制种基地，并率先依靠连锁经营实现了飞跃式发展，在辽宁省建立了百余家分公司，在全国主要乡镇建立了近万家直属、承包、加盟3种形式的连锁店，在全国发放了20多万张种子代销许可证，构建了终端销售市场体系，在2004年和2006年先后被农业部和商务部评为“农资连锁经营重点企业”和“万村千乡市场工程试点企业”。最先利用宣传画、电视、广播等途径宣传玉米新品种；国内首家采用小包装袋包装种子并大批量使用进口种衣剂对种子进行包衣处理……东亚在改革中，乘风破浪飞速发展。

在商业模式的创新上，辽宁东亚是当时紧随政策积极创新改革的一面旗帜，也正是这次种业改革的东风，助力东亚种业实现了自繁自育玉米种子连续10年年销量达到1亿斤的巨大成就。目前，东亚种业的营销网络经过多年的建设和巩固，已经遍布全国25个省（自治区、直辖市），全国参控股子公司超过了40家。

“事前先想想咋样会赔钱”，这是徐福春多年来一直奉行的“生意经”。在他看来，投身种业后的每一步不仅要三思而后行，更要准备“退路”。“开展育种研发，科研投入能否持续稳定？扩大制种生产，制种款能否按时支付？拓宽经销渠道，经销商的返利款能否全部兑现？”徐福春早已习惯了“不打无准备之仗，不打无把握之仗”，也正因为此，东亚种业多年来一直带着“诚信企业”的标签。

当问起，这些年最自豪的事是什么时，徐福春拍着胸脯说："公司成立28年，从没有拖欠过一分钱农户的制种款、经销商的返利款以及银行贷款！"东亚始终坚持"以诚待人，以德兴业"，每个承诺都会像种子一样发芽。

不忘初心，服务为农——搞好种业、服务农民是目标，其他的都是手段

品牌信誉就如同一坛老酒，需要时间的积淀和匠人的呵护，哪怕是一丝杂质也会坏了风味。最怕别人说"东亚不讲信誉""东亚的员工不讲感情"的徐福春，深知农作物种子这一商品的特殊性，打造品牌信誉仅仅是"万里长征第一步"，健全服务体系和完善技术指导则是种子企业稳步发展的第二步。

2000年《种子法》出台，一举打破了"'国家队'一统天下，地区封闭，体制外不能经营种业"的现状。全国各地的种子公司如雨后春笋一般遍地发芽，东亚种业也在世纪之交抓住了发展契机。

过硬的品牌信誉加上贴心的服务团队和稳定的经销商体系，是徐福春亲手为东亚种业打造的3根支柱。“农民买的是种子，看的却是服务。东亚的经销商除了买种子，更要送服务。”徐福春在着手编织经销商网络的同时，还利用广播、电视、宣传单等媒体手段宣传品种。他深知，当经销商赚钱轻松时，也就更能安心服务农民。

徐福春执掌大旗，东亚种业进入快速发展阶段，迅速跻身全国种业前十强行列。然而，他并没有把注意力局限在种业内。农业周期长、投入大、风险高，而种业更甚。对此，徐福春心里再清楚不过，他坦言：“除了延伸产业链，更要让工商资本反哺种业。”辽宁东亚以种业的经营发展为核心，多年来延伸布局了肥料、牧业、食品饮料、农业金融服务以完善农业产业链，以农业体系生态小循环的模式降低经营风险，保障自身效益，提升对农民的服务，被评为国家级农业产业化重点龙头企业和国家级农业产业化优秀龙头企业。

在2015年，响应国务院“互联网+”的号召，在农业部种子管理局和中国种子协会的指导支持下，由东亚种业、隆平高科、大北农金色农华为并列第一大股东，北大荒垦丰、现代种业发展基金等共同参与设立的爱种网正式完成上线。作为国内农业领域具有公信力的中立第三方信息、电商、信用和大数据平台，爱种网助力辽宁东亚的营销网络由线下铺到了线上。

在2017年，辽宁东亚以十年九旱的辽西地区为试点，推动全资子公司富友种业联合中华财险，推出了针对干旱设计的玉米天气指数保险产品。该保险依据降水天数和降水量进行投保核保，首年投保面积已达25万亩，农民受益达300

多万元，是中国第一款成功落地的商业化干旱保险。东亚种业在辽宁等优势区域将服务网络铺到了乡村，运营20多年以来得到了农民的深切信任，并积累了丰富的产业链数据，而这些正弥补了保险机构服务农村的短板。东亚种业推出的保险条款是依据各地区的种植数据自主设计并进行极力简化，只要出现了保险条款规定的天气情况，不需要鉴定田间的实际损失，就可以第一时间进行赔付，同时由种业的销售网络进行解读和推广。一方面，做到了最大化保障农民的利益；另一方面，金融服务的提升对公司种子的销售也产生了极大促进。同样的原因，东亚种业先后参与了锦州银行和辽宁新宾农商银行的投资，着力探索“银行+公司+农户”的经营模式。

科技支撑，育种研发——宁可少赚钱也要把研发搞上去

一粒种子长成参天大树，总要经历风雨波折，徐福春的种业之路也不是一帆风顺。

热销玉米品种东单90已经在辽宁连续种植推广6年，品种表现深受当地种植户认可，种植面积超过500万亩。然而2010年，天有不测风云，辽宁等地出现连续阴雨寡照导致包括东单90、郑单958在内的多个大棒玉米品种出现空秆导致减产和绝收。

当时，以大棒玉米品种为主营业务的东亚种业，所销售的都是经过审定且质量合格的玉米种子，却抵挡不住极端天气的打击，辽宁等地玉米生产遭到重创。徐福春第一时间带

领东亚种业全体员工为经销商和种植户提供免费的技术支持以便将损失降到最低，同时为受灾农民提供优惠甚至免费种子以便来年继续生产。

救灾之余，徐福春陷入了深思，为何连年表现优异的畅销品种会突然遭遇“滑铁卢”？“说明品种不够好。”一向强调育种研发的徐福春意识到：“育种研发是种业的重中之重，还要继续加强，宁可少赚钱也要把研发搞上去！”

自2015年《种子法》修订后，东亚种业在全国已有的15个育种研究所的基础上进一步增加育种研发投入，投资2亿元建设的现代种业研发中心被农业部评为东北主要作物遗传育种重点实验室，被科学技术部评为玉米生物育种国家重点实验室，成为中国泛农业领域的16个企业国家重点实验室之一。东亚种业以“常规育种+分子改良”，以“多点测试+信息分析”，在全国率先步入了现代工厂化育种新阶段。

同时，东亚种业从国家战略层面参与了国内部分一流生物技术平台的设立。在由中国农业科学院、东亚种业、北大荒垦丰等设立的专注于基因检测与编辑的农业部国家玉米分子育种平台"中玉金标记"，以及由中国农业大学、东亚种业、隆平高科等拟设立的专注于转基因技术在种子生产中应用的"中农锦盛"中，东亚种业都位列前三大股东之列，全力追随国家创新步伐。

今天的东亚种业拥有科技骨干约60人，包括众多业界知名博士和科学家，部分人员享有国务院政府特殊津贴。东亚种业95%以上的品种为自主研发并拥有独立知识产权，涵盖玉米、水稻、高粱、大豆、向日葵、蔬菜、马铃薯、林果等多种粮经作物的育种研发成果逐步进入爆发期，至今累计通过国审玉米品种数量30个、省级审定及备案玉米品种数量349个，通过国家或省级审定水稻品种数量28个、大豆品种数量19个、高粱品种数量2个，通过非主要农作物备案和取得品种权数量数十项，是我国目前拥有最多审定品种数量和种质资源的种子企业之一，每年都有约10项技术成果、20个新品种推广应用。

不忘初心，砥砺前行——新时期要有新作为

《种子法》出台后，我国种业经历了10年的飞速发展期。在2011年前，中国种子企业数量突破了8 700家，包括辽宁东亚在内的部分种业公司已经发展为农业部"育繁推一体化"种子企业，完成了产业化发展阶段。经历了20世纪

90年代末的原始积累和21世纪初期的10年腾飞后，辽宁东亚在徐福春的带领下，以种业为核心不断延伸产业链，以市场需求为导向构建商业化育种体系。

2011年，《国务院关于加快推进现代农作物种业发展的意见》（国发〔2011〕8号）文件印发，为中国种业的改革发展及时指明了新方向，中国种业从此过渡到了推进现代种业发展的新阶段。在农业部种子管理局的倡导下，东亚种业开展了积极的探索。在2012年，由中国农业科学院这家高等科研院所和辽宁东亚种业等8家国内一线种子企业组建的“1+8”平台正式成立，开始进行玉米新品种联合测试。正是在对这一测试平台多年的数据统计和成果审查的基础上，农业部公布了玉米、水稻绿色通道试验审定办法，后来又进一步拓展到了联合体测试制度。2015年《种子法》重新修订，2017年《同一生态区的引种备案制度》实施，区域试验容量不足、品种审定难的困境得到解决，在2017年全国通过品种审定的数量达到了2 275个，较2016年增长64%。作为“1+8”的主要成员，东亚种业先行先试，在辽宁及西南、西北、东北、华北、黄淮海等区域设立了企业自有品种绿色通道。

今天，东亚种业自育自繁的玉米种子每年被全国25个省（自治区、直辖市）的农户播种和收获，也在中亚和非洲的土地上发芽；水稻种子产出的富友水晶米借助爱种网平台端上了北京和海南的餐桌；花草种子盛开的鲜花从吉林查干湖一直开到辽宁家家户户的院落……东亚种业的发展历程见证了中国种业改革的丰硕成果。

从最早在甘肃兴建种子加工厂和制种基地、率先依靠连锁经营实现了飞跃式发展，到最先利用宣传画、电视、广播等途径宣传玉米新品种；从国内首家用小包装袋包装种子并大批量使用进口种衣剂进行种子包衣处理的种子的企业，到第一家在全国范围内实施连锁经营的种子企业，从一个小门市部发展成为全国一流大型种业集团公司……28年的发展历程中，东亚种业的每一次创新和飞越都离不开徐福春。

千里之行，始于足下。投身农业30多年来，收获过成功和喜悦，也遇到过波折和瓶颈，如今已经成为我国杰出种业企业家的徐福春，依然没有放慢步伐，他将继续为民族种业奋斗奉献。

黄长玲

1962年出生，福建建阳人。1981年10月至1985年7月，在北京农业大学农学院作物遗传育种专业本科学习；1985年9月至1988年6月，在北京农业大学农学院作物遗传育种专业攻读硕士学位；1988年至今，在中国农业科学院作物科学研究所工作（2003年之前为作物育种栽培研究所）从事玉米遗传育种和品种开发推广工作，先后担任实习研究员、助理研究员、副研究员、研究员，开发处副处长，遗传育种系副主任，现任中国农业科学院作物科学研究所遗传育种中心主任。1992年，在国际玉米小麦改良中心学习深造，出访过多个国家，任国家农作物品种审定委员会玉米专业委员会委员（第二届）、副主任委员（第三届），农业部植物新品种复审委员会委员（第三届），北京市作物品种审定主任委员会委员（第八届）、北京市作物品种审定委员会委员（第七、第八届），中国作物学会玉米专业委员会副秘书长、国家玉米产业技术创新战略联盟副理事长。

主持、参加、完成的项目有“十三五”国家重点研发计划项目、国家攻关计划、攀登计划、支撑计划、“863”计划、“973”计划、国家自然科学基金、转基因重大专项、跨越计划、成果转化、中国农业科学院创新工程等国家重点课题20多项。

多年来，他一直从事玉米遗传育种工作，在玉米选育和生产等方面作出显著成绩。共选育玉米新品种20个，累计推广超过1亿亩，为国家增产粮食超过45.1亿公斤，创造了显著的社会效益和经济效益。其中，中单909已连续5年被列为国家主导品种，现为我国玉米种植面积十大品种之一，截至目前，累计推广面积达到6 000多万亩；中单808已连续10年为国家主导品种，累计推广3 200多万亩。2016年被北京市推选为第五届北京科技盛典人物，2017年被评为2012—2017年度中国种业十大杰出人物，2017年获中华农业科技进步奖一等奖，2018年获中国农业科学院科技进步杰出奖。

为了大地的丰收

——记中国农业科学院作物科学研究所遗传育种中心主任、研究员黄长玲

他出生在武夷山南麓的小城，小时候并没有接触过玉米，通过刻苦的工作和学习，渐渐懂得了育种对国家和农民的意义。

他牢记育种家的使命，30多年行走在育种田里，只为选育出优中更优的玉米品种。中单808和中单909多年分别成为我国西南和黄淮海区玉米主栽品种及国家主导品种。

他选育的品种更受农民和市场青睐，多个品种在试验阶段就已经被市场看中，品种累计推广面积超过1亿亩，为国家粮食增产超过45.1亿公斤。

……

他就是我国玉米育种家、中国农业科学院作物科学研究所研究员黄长玲。

学习和工作踏踏实实，梦想与目标逐渐清晰

黄长玲出生在福建建阳，上大学前，始终未走出过这个小城。他对高中生物课很感兴趣，高考时就报了北京农业大学的作物遗传育种专业，并以优异的成绩被录取。

“全国这么多人，能上大学的都是少数，我一定要刻苦学习每门功课。”黄长玲很珍惜自己上大学的机会。

作为全国最好的农业类大学，北京农业大学特别重视学生的基础知识教育。遗传学、有机化学、无机化学、气象学、栽培学、育种学、土壤肥料学……所学知识涉及农业科学的方方面面。黄长玲认真地对待每门功课的学习，这也为他以后的科研储备了扎实的知识。

“搞农业不懂气象怎么能行，特别是到了现在，工作中不仅要考虑全国的玉米生产情况，甚至要考虑全世界的。如果知识不丰富，就很难考虑周全。”至今，黄长玲还很受益当时的全面学习，他说：“知识面越宽，学习得越扎实，考虑问题就会越全面，得出的结论就越可靠。特别是随着个人研究能力的提高，承担的课题越来越重要，也越来越感觉到基础知识的重要。”

大学毕业，他选择了继续读研究生。黄长玲回忆：“当时有一个信念，我希望以后自己去作科学家，从事研究工作，但大学读完还不够，还得继续去读研究生。”

读硕士期间，黄长玲就展示出了自己独立完成实验的能力。当时，黄长玲在实验中要研究一种病害，导师告诉他天津有老师专门研究这种病害，他就跑到天津去，专门向那位

老师请教。从论文的设计到最后成文，他认真对待、一丝不苟。

经过刻苦学习与研究，硕士研究生毕业时，他把研究生论文写成2篇文章，分别在我国顶级的农业科学期刊——《中国农业科学》和《作物学报》上发表。当时，对于一名硕士研究生来说，这是很难做到的。

1988年，他以优异的成绩到中国农业科学院作物育种栽培研究所工作，被分配到李竞雄院士团队，作潘才暹先生的助手。

当时，即使在中国农业科研的顶级殿堂中国农业科学院，研究生毕业参加工作的人也寥寥无几，全国每年的硕士毕业生也只有3万人。黄长玲回忆当时自己朴素的想法，研究生毕业了，分配到全国最好的农业科研单位，就想着一心一意地做工作。他说："工作了一段时间就有想法了，我们要育出好的品种，这样自己多年的学就没有白上，就是个对国家和社会有用的人。"

当时团队里有3个研究方向，他选择了需要经常下田、工作最苦的普通玉米品种育种方向。黄长玲心里想的是"普通玉米是我国玉米生产的主要类型，对玉米生产的影响更大"。

播前准备、播种、田间调查、授粉、杂交、烤种、脱粒……玉米育种的工作繁琐程度超过农民朋友种地，而且有些工作还有时间限制，夏天越热的时候就越要到田里去。黄长玲一丝不苟，从一开始就坚持自己做，也练就了扎实的育种基本功。他拿起一穗玉米棒，掂一掂就知道有多重；抓一把玉米粒，就可以估出有多少粒；到田头遛一圈，就可以说出种植密度，估计出产量，甚至分析出杂交重大血缘……

1992年，因为在所里工作优异，他被选派到位于墨西哥城的国际玉米小麦改良中心学习半年。

当时，那里的育种研究机械化水平已经很高，机械数粒、机械化播种、流水线作业……各环节紧密配合。那里的管理也高效，81个高级研究人员就可以管理遍布100多个国家的试验。那里的试验规模也很大，一个课题组试验规模就达到900亩，研究人员都是开着汽车到试验田。

而当时，我们国内的试验条件还很落后，巨大的差距冲击着黄长玲，也促使他更加努力的工作。他说："在那里就是看资料、做实验，看资料、做实验，没有其他杂事、没有干扰，就是学习、工作，学习、工作。"

"出国后就更爱国了，更明白了玉米育种工作的意义，作为农业科研专门人才，我们要育出好的品种来，为国家粮食安全和农民增收作出贡献。"回国后的黄长玲，不仅学到了先进的育种和管理经验，也更坚定了从事玉米育种研究的信念。

选育的品种覆盖多个主产区，中单808在西南区表现十年如一

在我国幅员辽阔的土地上，西至新疆，东至山东，南到广西，北到黑龙江，都有玉米种植。根据温光环境和地理地势条件的差异，我国玉米种植区划大体可分为北方春播玉

米区、黄淮海夏播玉米区、西南山地玉米区、南方丘陵玉米区、西北灌溉玉米区等，不同区域适宜的品种不同。特别是作为三大主产区之一的西南区，南北跨度大、海拔变化大，农民多在“巴掌田”“鸡窝地”里种玉米。这些复杂的因素对玉米品种的稳产性、抗病性、耐热性等提出了很高的要求。

在黄长玲看来，品种选育中表现一般的会“见光死”，很难在大田生产中规模推广，必须是优中选优的品种才会有“生命力”，才能在实际生产中创造价值。

因西南区条件复杂，许多新品种推上市场后几年就没了踪影，而黄长玲培育的中单808从2007年推广至今表现十年如一。截至目前，累计推广3 200多万亩，成为家喻户晓的大品种。四川农业大学农学院院长黄玉碧曾这样评价：“在我国西南平坝区，中单808是唯一推广了10年而种性没有变化的玉米品种，是推广时间最长、推广面积最大的玉米品种。”

“十年磨一剑”，从1989年开始选育自交系到2005年结束国家区域试验，2006年国家审定，2007年推向市场，黄长玲用19年的坚持培育了中单808。而在这其中也是他不断探索、不断认识的过程。

2004年，中单808的转化增强了他的信心。也是在那个时候，他真正地找到了搞育种的感觉，全身心地定了下来，搞育种研究的目标和目的性越来越强。黄长玲说：“我们作为一个玉米育种的工作者，使命就是育出非常好的品种，为国家的粮食增产、农民增收切实作出贡献，这是作为国家科研单位玉米专家应有的社会责任。”

也就是在那个时候，有许多公司来请黄长玲去当他们的育种科学家，有的年薪可以达到200万元，还有的可以给公司的股份，但他都没有动心。

黄长玲从那时起，把玉米育种事业作为了自己终生的事业来做，并形成了自己的一套研究思路。有了越来越丰富的育种经验、生产经验，不仅有了中单808，还有一些组合已经看出了苗头。他说："我们课题组人少，科研经费也不是很多，必须要有自己的一套独特高效的研究方法，否则就选不出好的品种来。品种只能选出好的，一般的品种虽然是品种，但却是没有竞争力的品种。"

专注于选好品种，他忙着田间播种，忙着查看长势，忙着抢收种子……日复一日，年复一年，黄长玲专注地在田间工作。

有一个特殊的7月，让他始终难以释怀。正是育苗授粉的忙季，他一头扎在玉米地里，爱人生孩子，没能陪在身边。播种的时候，需要一天播完，孩子小时候，经常在幼儿园，爱人上班远，孩子就经常留在幼儿园，他经常错过了去幼儿园接孩子的时间，被老师批评"对孩子不负责任"……

接受记者采访时，黄长玲刚过完55岁生日，而对于育种家来讲，这个年纪恰是"年轻有为"，许多育种家都是在退休之后甚至古稀之年才培育出有价值的品种。截至目前，黄长玲培育出了20个品种，种植区域可覆盖多个玉米主产区共20多个省（自治区、直辖市），累计推广面积超过1亿亩，为国家粮食增产超过45.1亿公斤。其中，中单808成为我国西南区种植面积的第二大品种，中单909成为我国玉米种植面积十大品种之一。

对科研高峰的攀登永远在路上。黄长玲也在不断地革新育种技术，从传统技术加经验到结合现代分子技术、单倍体诱导选系，从RAPD到SNP标记、再到GS(全基因组选择)、基因编辑技术……通过更先进的技术改良创造种质、提升育种效率。

他跟记者说，育种方法既要有传统的方法和经验相结合，还必须加上现代分子育种技术，才可提高育种效率。黄长玲课题组的育种材料非常丰富，来自大半个地球多个生态区的材料。不仅有引进的，更重要的是还有创新的材料。他对材料应用分子标记的办法进行分类群，在群内进行改良创新，根据杂种优势群进行组配，并在选育材料的过程中采用高密度选择法。这样，不良的性状就表现了出来而被淘汰，更易优中选优，然后通过两种密度对品种进行多点鉴定，选出优良的组合。

他的课题组应用的技术也达到了国内外领先水平。他们正在研究，用什么样的分子标记，跟什么样的性状相关联。用全基因组选择办法，对微效基因赋予相应的育种值，育种值最高的材料中选。还正在研究基因定点编辑技术，用这些技术对本底品种和本底材料进行改良创新。

作公益科研单位成果转化的引领者，中单909转化引起一片轰动

2000年，《种子法》颁布实施，我国种业从计划经济体制向市场经济体制迈进，大大小小的种子企业如雨后春笋般开始生长。企业纷纷拜访各大公益科研单位，寻找能够引领企业发展的品种。而由于种种原因，公益性科研单位选育的品种多，但大品种少，科研与生产“两张皮”的现象严重。

为了顺应国家搞产品开发、将科研成果推向市场的要求，黄长玲到了所里新成立的开发处，负责品种的开发工作。这让黄长玲对农民的用种需求有了深入的了解：“种子要生产、要开发、要销售，我们要经常与农民接触，到全国各地的田间地头看品种。”

从1997年到2003年，在开发处工作的7年间，黄长玲仍然坚持搞育种，“因为更清楚农民需要什么样的种子，才能选育出更受市场欢迎的品种。”

2000年《种子法》出台以后，种业的市场化开始了。随着市场化程度的加快，买品种、转让品种开发权、转让知识产权就开始了。

2004年，中单808还在试验阶段，就被金色农华种业看上了，在中国农业科学院作物科学研究所进行了隆重的签字仪式。当时，中单808的转让费是作物科学研究所最高的，也是当年在全国转让费用中名列前茅的。金色农华种业因为

这个品种，在大西南打开了局面。直到现在，这么多年过去了，还保持与十几年前一样，而许多别的品种几年就淘汰了。因开发中单808玉米品种，金色农华种业公司获得显著的经济效益，而该公司给黄长玲颁发了成果贡献奖。

对黄长玲自己来说，这个品种也让他跻身知名育种家行列。在西南区，无论是大学教授，还是研究所专家、种子公司，都说中单808好，都知道中单808是中国农业科学院选育的品种。

也正是中单808的市场化推广，让黄长玲意识到了，育种家不仅要育出好的品种，还要把它利用好的方式转化出去。过去，育种家懂育种，但缺乏市场经验，这就导致虽然育出了好品种，但却很难转化成实际生产。而中单808的转化方式则提供了“科研+企业”的研发转化模式，通过品种权转让，在育种家与企业之间打通了一条切实可行的路径。而在几年后的2011年，关于黄长玲，一场更加轰动整个中国种业的品种转化大事件到来了。

那年的4月1日，在中国农业科学院的一间会议室里，气氛热烈，黄长玲选育的中单909转让签约仪式在这里举行。山西屯玉、北京中农良种、山东黎明种业、北京华奥物种4家公司以联盟的形式获得中单909生产经营权，引起业界一片轰动，中单909的转让也被评选为当年“十大种业新闻事件”。

而从更长远来看，中单909让业界深刻认识到“有市场价值的品种才是好品种”。截至目前，中单909累计推广面积达到6 000万亩以上，近2年每年的推广面积均达到1 000万亩以上。

中单808连续9年被列为农业部主导品种，中单909连续5年被列为农业部主导品种。在全国20多个农业部玉米主导品种中，黄长玲一人就占据了2席。他选育的多数品种，在区域试验阶段就已经被市场、企业和经销商看好，在审定前就被公司购买。

虽然选育了许多好品种，引领了成果的转化，但黄长玲没有忘记自己一步步建立、一步步呵护起来的初心。从一个小城里走出来，从一无所知到渐渐清晰自己的前路，从一步一步地探索到坚定了自己的追求，黄长玲的初心是为国家粮食安全作贡献、让无数的农民因好品种而增收。

好品种最终的受益者是农民。许多品种推广、观摩会的现场都可以看到黄长玲的身影。在现场，黄长玲很忙碌，因为要给农民选种用种讲课、要回答农民朋友提出的问题。他也很开心，看到农民丰收的笑容，更真实地体会到一个育种人的价值。他依然在追求他的价值，在育种的道路上不断创造更多的新品种，用新品种不断实现自己的初心。